寻访

济南传统村落

章丘篇上

姜波 等著

山东画报出版社
济南

图书在版编目（CIP）数据

寻访济南传统村落／姜波等著.—济南：山东
画报出版社，2024.3
ISBN 978-7-5474-4720-8

Ⅰ.①走… Ⅱ.①姜… Ⅲ.①村落—介绍—济
南 Ⅳ.①K928.5

中国国家版本馆CIP数据核字(2023)第256650号

XUNFANG JINAN CHUANTONG CUNLUO

寻访济南传统村落

姜波 等著

项目策划　秦　超
责任编辑　于　滢
装帧设计　李潇爽　许鑫泽　骆思宇

主管单位　山东出版传媒股份有限公司
出版发行　山东画报出版社
　　社　　址　济南市市中区舜耕路517号　邮编 250003
　　电　　话　总编室（0531）82098472
　　　　　　　市场部（0531）82098479
　　网　　址　http://www.hbcbs.com.cn
　　电子信箱　hbcb@sdpress.com.cn
印　　刷　济南新先锋彩印有限公司
规　　格　185毫米×260毫米　16开
　　　　　　65.75印张　1000千字
版　　次　2024年3月第1版
印　　次　2024年3月第1次印刷
书　　号　ISBN 978-7-5474-4720-8
定　　价　498.00元（全五册）

编委会

总序

　　我国有着丰富多样的物质形态和非物质形态文化遗产的传统村落，这些村落承载着中华文明的悠久历史。然而，随着工业化和城镇化的快速发展，许多传统村落正在逐渐衰败甚至消失，具有鲜明建筑特色和深厚人文历史的传统村落保护已经变得刻不容缓。

　　在 2013 年的中央城镇化工作会议上，习近平总书记强调了保护传统村落的重要性，提出了让居民"望得见山、看得见水、记得住乡愁"。2014 年，住建部等四部委联合出台《关于切实加强中国传统村落保护的指导意见》，加大传统村落保护力度，实现传统村落可持续发展。近年来，山东省深入贯彻落实习近平总书记关于传统村落保护的重要指示批示精神，自 2020 年连续 4 年在省委一号文件中明确提出加强传统村落和传统民居保护，强化顶层设计，塑造齐鲁特色乡村风貌。

　　济南市住房和城乡建设局高度重视传统村落的保护工作，制定针对性政策支持申报和保护，并在积极挖掘整理济南市传统村落资源方面取得了显著成效。截至 2023 年，在公布的 6 批中国传统村落名录中，济南市共有 20 多个国家级传统村落和 40 多个省级传统村落，数量在全省各地市中名列前茅。

　　2018 年，济南市住房和城乡建设委员会专门成立了《走进济南传统村落》编撰委员会，邀请长年从事传统民居和传统村落研究工作的山东建筑大学姜波教授，承担丛书的主要撰写工作。2020 年，完成了《走进济南传统村落（一）》和《走进济南传统村落（二）》两本书作。这不仅是全国范围内对市级所拥有的国家级和省级优秀传统村落全面调研方面的首创，更是在全国传统村落保护中发挥了引领作用，为传统村落保护和传承发展提供了经验借鉴。

　　2022 年，济南市住房和城乡建设局重启传统村落的调研工作，继续邀请姜波教授承担该丛书的撰写任务。本次调研和撰写工作增加了寻访的村落数量，并在前两本书作的基础上极大地丰富了内容，调整了书作名称，以一种全新的面容呈现在读者面前。

　　我认为这套丛书有以下几方面意义：

　　一、有助于进一步加强对济南传统村落的保护与利用工作。

　　济南的优秀传统村落拥有悠久的历史，不仅保留了原有的建筑风貌，还遗存了大量的文物古迹，并具有独特民风民俗和深厚文化底蕴。因此，发现、保护和传承这些传统村落是当前及未来的重要任务。在前期对入选的国家级和省级优秀传统村落"一村一档案"基础上，济南市住房和城乡建设局又积极探索"传统村落+"模式，进一步促进传统村落的保护与利用。该丛书是对该局上述工作的强劲助力。

二、有助于提升济南的形象，树立独具特色的文化品牌。

济南拥有众多古朴、幽静的传统村落，这些村落具有深厚的历史文化积淀。

有效保护和利用传统村落，可以进一步提升济南文化形象，树立独特的城市文化品牌。这套丛书图文并茂地介绍了济南优秀传统村落，有助于加深人们对传统村落的了解，亦可为其历史文化找到承载体，唤起人们久远的记忆，增强人们的情感认同和文化认同。

三、这是发展乡村旅游产业的客观需要。

文化是旅游的灵魂，旅游是文化的载体。随着乡村旅游的不断发展，人们不再满足于对名山大川的观赏，而进一步延展至对优秀传统村落和历史文化遗产的寻访。2021年，济南市又正式启动了泉水普查工作，本套丛书亦有对古村名泉的记录，将村落和名泉的探访加入到传统村落的保护开发中，为乡村旅游注入更多的城市文化印迹。

四、可以留存与展示传统村落保护与传承工作状况。

近几年，山东省政府加大了传统村落保护和发展力度，对传统村落的连片整治、特色民居的生态保护等工作给予大力扶持。丛书的编写，正是对山东省传统村落保护和发展工作方面的留存与展示。

济南传统村落各具特色，底蕴深厚。作者不辞辛苦，通过大量的田野调查、文献研究等方式，从民俗学、历史学、建筑学、美学等不同角度，剖析其历史文化、村落格局、建筑特色、民俗非遗等，力求全面深刻、形象生动地展示其原始风貌，从而使丛书成为既具有历史传承价值，又具有宣传功能的精美读本，在展现丰富内涵和文化魅力的同时，进一步提升济南传统村落的知名度，并由此得到更多政府、学界和民间力量的关注。

住建部中国传统村落专家指导委员会副主任委员

清华大学建筑学院教授

序言

　　传统村落是历史的凝结，是文化的本色，是情感的归依，是精神的家园，更是农耕文明不可再生的文化遗产，承载着乡村不灭的灵魂。

　　自 2012 年伊始，住房和城乡建设部、文化部、国家文物局、财政部四部、局联合启动了中国传统村落的调查、认定与保护工作，截至 2022 年 10 月，已开展了六批中国传统村落名录认定工作。按照国家要求，济南市深入开展传统村落的保护和利用工作，累计 24 个优秀传统村落入选国家级保护名录、49 个村落入选省级保护名录，成为发展乡村振兴的宝贵文化资源。对入选的传统村落，济南市住房和城乡建设局按照科学建档标准建立了"一村一档案"，同时积极探索新形势下传统村落保护与发展的新方式、新途径、新举措。2022 年，根据《财政部办公厅、住房和城乡建设部办公厅关于组织申报 2022 年传统村落集中连片保护利用示范的通知》《住房和城乡建设部、财政部关于做好 2022 年传统村落集中连片保护利用示范工作的通知》等有关要求，经济南市住房和城乡建设局全力推荐，章丘区成功入选"全国传统村落集中连片保护利用示范县（区）"，这开启了深入探索传统村落保护和发展模式、助力乡村振兴的新篇章。

　　目前，市住房城乡建设局会同山东建筑大学共同编撰的《走进济南传统村落》系列丛书，已出版了第一辑，第二、三、四辑也已集结成册。在《走进济南传统村落（三）》和《走进济南传统村落（四）》两本书中，我们又收录了 27 个优秀传统村落，以多角度、多学科的方式呈现村落的空间格局、典型传统建筑、民俗生活等内容。相较前两册书籍，每个村落又增加了航拍图、测绘图、手绘等，使书稿内容更加丰富充实。这 27 个村分别为：莱芜区茶业口镇中法山村、卧铺村、逯家岭村、上王庄村、潘家崖村、中茶业村，雪野街道娘娘庙村、吕祖泉村，和庄镇马杓湾村、青石关村；钢城区辛庄街道砟峪村、颜庄街道澜头村；章丘区官庄街道的朱家峪村，文祖街道的大寨村，东、西田广村、黄露泉村，普集街道的龙华村、于家村、袭家村，相公庄街道的十九郎村、梭庄村，曹范街道的叶亭山村，刁镇街道旧军村，双山街道的三涧溪村；长清区孝里街道南黄崖村、北黄崖村、岚峪村。这些传统村落各具特色，或以红色文化见长，或以泉水盛名，或以传说故事而独具魅力，都是宝贵的不可再生的文化资源。

　　传统村落的保护与传承是动态的，只有以用促保，才能增强传统村落保护发展的内生动力。随着传统村落保护工作的开展，很多传统村落焕发出新的生机。各村在挖掘整理村史、村志，建立村史馆、档案馆等基础上，着手优化乡村公共服务，改善人居环境和村民生活条件，发展乡村旅游，力争达到"农业强、农村美、农民富"的乡村建设要求。如南部山区西营街道黄鹿泉村、天晴峪村，在保护和修缮传统建筑的基础上，建立"孩子小镇"，打造特色民宿，不仅吸引了外出人员返乡就业，而且实现村民在家门口上岗工作，迈出传统村落活化利用的坚实一步；其他传统村落坚持在保护中发展、在发展中保护，盘活优化村落文化资源，让更多历史文化遗产活起来。

　　传统村落蕴藏着丰富的自然生态景观资源与历史文化信息。走进传统村落丛书均以大量的第一手田野考察资料为基础，甄选出一些人文形态完整、历史遗存丰厚的具有代表性的传统村落，力求传承优秀传统村落的乡韵风貌，记录泉城的青山绿水和美丽乡愁，为传统村落的有效保护、修复建设和发展等提供参考依据，为现代城乡规划、美丽乡村建设提供借鉴，为推动泉城乡村振兴、增强文化自信贡献力量。

济南市住房和城乡建设局

目录

三德范村：
齐鲁交界处的千户大村

1. 地理环境与历史沿革

三德范村位于济南市章丘区南部，文祖街道办事处中部。村庄所处位置交通便利，地处章莱通衢之要冲，距齐长城"锦阳关"6千米，章莱古道贯穿而过，省道242和济青高速分列村庄东西，历来为章丘南部之重地。

村庄地处泰沂山区北麓，属典型的石灰岩地貌山区。地势南高北低，东、西、南三面环山，北临平原。西巴漏河东支穿庄而过，将境域分为东、西两大片。多条沟谷又分割东、西片域，将其划成若干小的区域，俯瞰村庄全貌，就是一个不完全闭合状的山间盆地。

据在境内皮坡子岭发现的石斧佐证，早在旧石器时代就有先民在此活动，距今已有万年以上。另据境内"于家庄""小寨"两个古村落遗址和"广宗城"遗址所证，此处很早就有人类生活，至少可追溯到战国时期。

三德范村为多姓聚居村，村民祖上多为明洪武初年自直隶正定府冀州枣强县（今河北省枣强县）迁至该村。

三德范古称"三队反""三敌反""三坠反""三推饭"。

三德范古属阳丘，隋开皇十六年（596）改属章丘。庄名几经更迭，至清道光二十三年（1843），重修禹王庙碑记，首见"三德范"之名，沿用至今，已有170余年。清末民初以来，战争连绵不绝，三德范因其地理位置险要，成为土匪、日伪和地方势力争夺的要地。

1945年设南明区，庄内设行政村，并被划为东、西、南、北4个自然村。

图1.1　三德范村在清道光十三年（1833）《章丘县志·疆域图·今治图考》中的位置

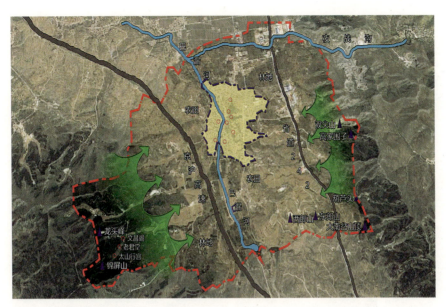

图 1.2　三德范村域文化遗产与自然景观分布图

1984年改文祖公社为文祖区，辖文祖镇，东张、大寨、三元、横沟4个乡。三德范隶属文祖镇，三德范依旧被划为东、西、南、北4个行政村，并建立三德范经济联合社。

1986年设三德范办事处，为镇派出机关，代管境内四村一社。

中华人民共和国成立后，特别是改革开放后，私营企业不断兴起、壮大，推动了当地经济的长足发展。

2. 村落空间格局

在三德范村西南方有锦屏山，无泰山之高大，但苍松翠柏遮天蔽日，四季秀美如画，素有"小泰山"之美称。在锦屏山上，有很多名胜古迹、摩崖碑刻分布于山峦之间。

泰山行宫位于锦屏山主峰之阳约100米处。此行宫始建于清乾隆二年（1737），庙宇辉煌，围院巍然，楹柱廊厦、朱门镂窗、飞檐龙脊、精装雕版、青瓦覆顶，古朴典雅，神像如生，香火极盛。

迎仙门位于锦屏山南麓，是锦屏古道之要塞。此处三峡交会，谷幽峰翠，富有神韵灵气。曲径云梯南侧有一石柱，数块巨石叠起，耸入云霄，据说是各路神仙登山瞻拜的必经之路，故曰"迎仙门"。

罗圈崖位于北山以东约300米处，是一圆形石崖，格外引人注目。据《章丘县志》载，明万历二十五年（1597）10月，太监监采铅矿于平顶山（一名锦屏山），据说就在这里。因此崖壁色如铁，笔直光滑，形似罗圈，故称"罗圈崖"。

图 1.3　三德范村文化遗产与自然景观图片（2016 年摄）

　　三德范村南北长约 1.6 千米，东西宽约 1 千米，巴漏河穿庄而过，以"玄帝阁"为中心，从玄帝阁至旧北头庙前的村内中心大街为主干道，此中心大街是庄内政治、经济、文化中心，也是章莱南北通衢之要冲。再从玄帝阁东南方起，依次有"东沟巷""齐家巷""陈家巷""金家巷""东道巷""西道巷""太平街""辛庄巷""单家巷""张家巷"等街巷，分布在中心大街两侧，构成全村"一街十大巷"的基本框架，呈放射状向外延伸。整个村庄中间低四周高，嵌于群山环抱之中。

　　村内居民区大体可分为三部分：玄帝阁东、北两侧为东村和北村居民区，巴漏河西为西村居民区，玄帝阁南为南村居民区。

3. 典型历史建筑

　　三德范村民居住宅多为传统的四合院硬山坡式屋顶建筑，一般由大门、耳房、倒座、厢房、正房等建筑组成。在院落布局上，通常按南北纵轴线布置房屋位置。宅院坐北朝南，北屋是正房，三开间，屋基和根基均高于其他房屋，是院落的中心建筑。正房两侧建有两间耳房，东西厢房正对，一般为两到三开间，大门设在东南角，东屋作厨房，西屋为晚辈居住，南面建三间配房（倒座）与正房相对，供居住或为仓储所用，西南角设栏圈或旱厕。受院落空间所限，有的人家将影壁直接设在门楼正对的厢房山墙上，只有少数人家设有独立影壁。旧时村内的单体建筑多为土木结构的草房和少数砖瓦结构的瓦房，建筑材料主要是石头、土坯、砖瓦、木头、石灰、麦秸等。

三德范村民居建筑总体上以简朴实用为主，无过多装饰，仅有极少数民居的大门较为精致。这些门楼一般都以青石为根基，青砖砌墙，青瓦覆于檐顶，正脊两端高高翘起，有的家境富裕且讲究的大户人家，在正脊两端还会雕刻形象生动精致的翘首螭吻，以显示社会地位和经济实力。另外，门楼中的挂罩和两侧墀头也是重点装饰的部位。有的挂罩图案非常精美，做工极为精湛，墀头上则雕刻富有吉祥寓意的花草鸟兽等图案，美观大方，精致典雅。

除传统民居外，三德范村还遗留了很多富有特色的古建筑，

图1.4　三德范村空间格局与历史风貌分析图

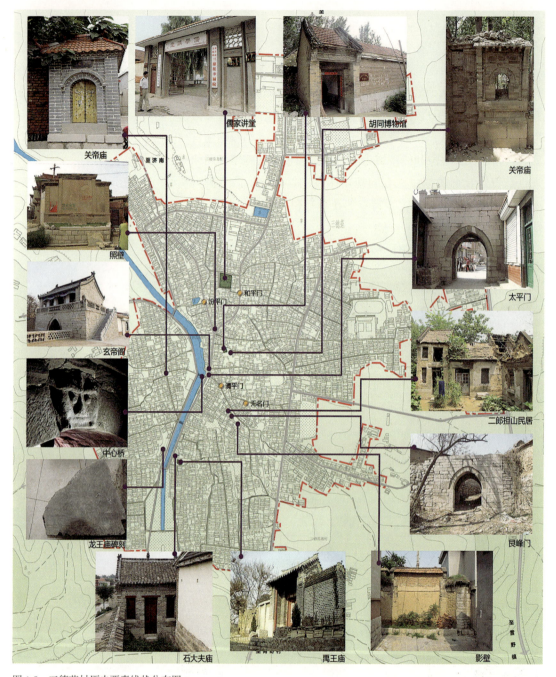

图 1.5 三德范村历史要素线状分布图

其中以"玄帝阁""禹王庙"最为壮观。

　　玄帝阁位于村内南北中轴线上，处于中心位置，为南北通衢之要冲。清同治七年（1868），"太平阁"建成后，"玄帝阁"被圈于围墙之内，阁下高深的门洞为阁洞，太平阁外被称为南阁外。

　　玄帝阁为上殿下洞，下两层总高 10.40 米，石料砌筑，阁洞宽 2.94 米，碴高 3.12 米，高台西北角筑有通往阁上的 15 级台阶。南面门额有"玄帝阁"三字石刻，北面门额镶有"三队反镇"四字行书石刻。玄帝阁面阔 3 间，前后廊厦，条石护栏，楹柱梁枋，古朴典雅。青砖筑成脊顶，烧制于青砖之上的二龙戏珠图案活灵活现。整座殿宇青砖灰瓦，飞檐翘角，气势非凡，颇具明清建筑特色。由于年久失修，殿瓦破碎，三德范大队曾在 1983 年重修此阁。

图 1.6　陈家巷路口处的关帝庙（2016 年摄）

图 1.7　村内由低到高延伸的传统街巷（2016 年摄）

图 1.8 三德范村太平阁门前的石狮（2016 年摄）

图 1.9 辛庄巷"人和"门
（2016 年摄）

　　禹王庙位于旧时村之南端，故又称"南头庙"。该庙建于青龙池东侧石壁之上，坐北朝南，居高台之中央，距玄帝阁约320米，连同北头庙形成三德范南北中轴线。禹王庙面阔3间，砖木结构，楹柱出厦，龙脊翘檐，属典型鲁中山区明清式建筑。台阶、柱墩、拦水、脚石做工精细，极为精美。该殿东西长7.95米，进深4.30米，出厦1.50米，朱门镂窗，楹柱雕版，典雅肃穆。殿前有一小院，约30平方米，斗拱式山门与正殿同轴，因年岁已久，山门之顶呈半塌状，门前石级数重，紧临东西街巷。

　　殿内有清宣统年间所制壁画，如今四周壁画仍存。壁画由宣

图1.10　村内的禹王庙，位于村南，面阔3间，砖石木结构（2016年摄）

图1.11　禹王庙梁架上的彩绘，部分画面依旧鲜艳（2016年摄）

图 1.12　村落中保存完整的艮峰门（2016 年摄）

图 1.13　禹王庙中大禹治水的壁画，人物栩栩如生（2016 年摄）

纸绘制，是按照墙壁尺寸事先绘好后将画卷粘贴于墙上，做工十分精细，虽经百年，部分画面仍然色彩鲜艳，栩栩如生。

辛庄巷阁门位于太平阁南约 100 米处。巷口建有石门，门额镶嵌"人和"二字石刻，楷书字体，浑厚自然，是村内不可多见的文物，为清同治时期两广总督毛鸿宾（历城人）卸任回乡后所书。

历史久远的三德范村，无论是遗留的精美建筑、殿内壁画，还是遗存的残垣断壁，都是古村历史的见证。同样，与它们一起见证村庄历史的还有很多精致、生动的历史构筑物，如废弃的石磨、石碾，图案丰富的石雕、砖雕和木雕，枝繁叶茂的百年古树，

图 1.14　禹王庙全貌，其围墙和台阶为近年重修（2016 年摄）

图 1.15　三德范村典型传统门楼，以青石为基，砖石衔接密实（2016 年摄）

图 1.16　村内传统院落中的精致拱形二门（2016 年摄）

图 1.17　木窗上的传统花纹（2016 年摄）

图 1.18　村内民居的文字造型墀头（2016 年摄）

图 1.19　卡门石上精美的暗八仙图案石雕（2016 年摄）

图 1.20　卡门石上寓意吉祥的暗八仙石雕（2016 年摄）

图 1.21　卡门石上精美的瑞鹿形象石雕（2016 年摄）

图 1.22　上百年的石碾仍是三德范村民离不开的生活工具（2016年摄）

残留的圩子墙等，它们是村落历史的活化石，传递着村民曾经的生活气息。

4. 村落民俗生活

　　三德范村崇尚扮玩，而其扮玩历史久远，并以形式多样、内容丰富、气势宏大而闻名遐迩。所谓扮玩，是一种兴于民间的街巷表演，有舞龙舞狮、扭秧歌和锣鼓舞蹈，还有明末清初流传下来的抬芯子等，可谓各具特色。据传三德范扮玩始于康乾盛世，盛于清朝中晚期，据清道光年间《章丘县志》记载："道光十八年（1838）旱船在三德范盛行，且闻名遐迩。"

　　每年的正月初五过后，各巷村民便自动组织扮玩活动，由此拉开了新年娱乐活动的帷幕。全村历史上分为10巷，一直延续至今，每巷各自组织一支扮玩队伍，分别在中午和晚上走街串巷，表演自己的传统节目。各巷扮玩队伍排列有序，组织严密，扮玩队伍由旱船、高跷、竹马、舞狮、芯子等组成，扮玩内容也与时俱进，在保留传统健康节目的同时，不断推出反映时代变化的新

节目，备受群众欢迎。三德范春节扮玩大都从初七、八开始，正
月十二以前各巷单独活动，正月十五这天是村里大扮玩的日子。
各演出队的顺序及走街串巷的路线都要设定好，各巷均按划定地
点敲锣打鼓陆续进场，周边围满了观众，人山人海，煞是热闹。
如今，三德范村的扮玩表演已经闻名大江南北，成为章丘当地标
志性的民俗文化活动，也是三德范村一张独特的村落名片。扮玩
在丰富人们业余文化生活的同时，还为人们提供了一个情感交流
的平台，其接地气的形式、通俗有趣的表演内容，成为当地民众
不可或缺的娱乐文化。据统计，每年有两万余名游客来观赏三德
范村的扮玩表演，在热情高涨的气氛中，将年味过得醇厚地道。

图 1.23　正月十五，舞龙队伍吸引了很多村民和外地游客（2016 年摄）

图 1.24　每年正月十五扮玩时，敲锣打鼓的热闹场景（2016 年摄）

图 1.25　三德范村的扮玩，已经成为当地春节的一项重要的民俗活动（2016 年摄）

而近几年，扮玩活动又有了一些新特色，演员们将优秀的民间传统文化与现代文化元素相结合，形成了新的时代文化元素，既让人一饱眼福，又使乡村文化活动更具生活化，更利于群众了解和接受。

在享受一年一度的娱乐生活之外，过去三德范村居民更多的是为生计而奔波劳碌。旧时，能够掌握一门手艺是谋生的重要条件，泥瓦匠便是其中的热门工种。

一年中泥瓦匠有半年在外打工，除主家管吃外，还另有工钱，很受当时村民的青睐，但是并非任何人都能学习泥瓦匠技艺。

旧时建房，由户主雇一两名工匠，街坊邻居自愿助工帮忙，主家向工匠付以现金或粮食作为酬劳，壮工不计报酬。富裕人家盖房规模较大，工匠和壮工均须雇用。

20 世纪 60 年代初期，工匠外出打工，每天交给生产队 1.25 元，生产队记 10 工分，或生产队直接承包修建工程，组织劳力与工匠施工，收入归生产队所有，每天给予工匠 0.3 元补贴。到了 60 年代后期，生产大队将所有工匠集中管理，进行农田水利建设，每天给予 0.3 元补贴。

过去村里建房，民宅地槽多用三合土夯实或乱石灌灰浆制成。先挖宽 0.8–1 米深度不等的地槽，用粉后的石灰与生土搅拌，夯实 2–3 板，再用乱石灌灰浆至地平，后用料石砌基。垒墙多以土坯为主，少数富户用青砖或石灰坯。土坯事先备好，打坯要选好坯场，将生土置于坯模中，用方形石夯头打成坯块，坯块宽 22–25 厘米、厚 8 厘米左右、长 37.8 厘米。坯墙用麦秸泥黏合筑成，墙皮先用麦秸泥将墙内外抹一遍，再用白灰抹平。为防雨水

图 1.26　三德范村里的多种多样的石灰坯砖墙（2016 年摄）

图 1.27 过去泥瓦匠建造苦房用的传统工具——拍耙（2016 年摄）

冲刷，有的富裕人家用石灰坯或青砖墙，叫里生外熟，不仅防水功能强，墙体也更加坚固耐久。旧时建房用的土坯墙体冬暖夏凉，隔风防潮，辈辈传用。进入 20 世纪 70 年代以后，民居墙体开始发生变化，墙基用三层料石垒成，内用沙子水泥找平。

图 1.28 村内传统民居建筑沿街立面，下为青石，上为石灰坯墙（2016 年摄）

博平村：官道旁的千年移民村

1. 地理环境与历史沿革

博平村位于鲁中山区中部济南市章丘区普集街道办事处，北与章丘区相公镇相邻，东南距普集街道办事处约4.8千米，距普集火车站约6千米，西距章丘明水约8千米。

千年古村博平位于周村至济南的古官道上，位置优越。村子北靠长白山，南朝胡山，北邻鸣羊山，东有东岭山、杏林水库，西为农田。村子以南2千米处为济青高速，5千米处为经十东路，与济南、淄博、青岛、滨州、邹平等城市交通往来便利。周边则有胶济铁路、309国道、济青高速公路、济青公路、章莱路、经十东路、潘王路等纵横交错，四通八达，1小时之内即可到达济南国际机场。

博平，古属齐地，春秋设博陵邑，汉初置博平县，有两千年置县史。南北朝时期，东晋末年刘裕北伐，收复江淮广大地区，占据黄河以东济南直至青州一带。此间，曾在章丘境内设置过很多寄置外地、远离实土的侨置县。其时，博平县即侨置于现属章丘区普集街道办事处的博平村。《中国古今地名大辞典·博平县》载："博平县，南朝宋置，北齐省，故城在今山东省章丘县东南。"可见当时设博平侨置县时尚无章丘县建制。另据《水经注》记载："章丘之博平镇，在杨绪沟水东（杨绪沟指今漯河，在山东省章丘区境内）。"博平村居民以李姓、刘姓为主，均为元末由河北

图2.1 博平村村域环境（2016年摄）

图 2.2　清道光十九年（1839）《济南府志》中的章丘县域图

巨鹿迁来。此外，明清以迄民国，老济青公路沿线是官方官道，博平正是济南通往周村、潍县以至胶东的必经之路，这里曾商贾云集，商业发达，博平村也因此才兴盛繁荣起来。

2. 村落空间格局

　　博平村整体呈方形，为典型的棋盘式格局，街道分布呈"十"字或"丁"字形。村内三条东西古大街、两条南北大街，成为村子的骨架，贯穿村子南北与东西，其中三条东西古大街也是历史最悠久的古街道。古村内的民居建筑群被主要街道和多条小巷分割成若干块，宛若一个棋盘，布局严整。村子的主要干道——东

图 2.3　博平村选址示意图

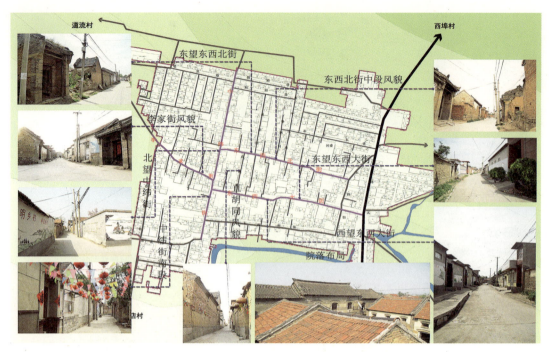

图 2.4 博平村空间格局与历史风貌分析图

西大街，贯穿村子东西，曾是连接东门与西门的大路，是村内最宽的大街，也是曾经重要的官道路段。在东西大街北侧与之平行的是东西北街，是仅次于东西大街的主要干道，这条古街上现存的传统门楼和拴马石数量最多，刘家祠堂也位于街东首；东西南街位于最南侧，较为狭窄，这条街上保存下来的明清门楼不多，更多的是新修葺的民宅；中纬街南北向，连接 3 条东西街的西首，宽约 2 到 3 米。随着村落演变，在村子西边形成李家街，为李姓聚居区。李家街的西首便是村子原来的西门，街东首是刘家现存最完好的"三合楼"宅院。村北原是果园和墓地所在，现今已变为民居和现代住宅。村落东南部为古墓所在地，公共服务设施分布在村子东部，周边分布着果园和农田。

博平村原有围墙环绕四周，共有大小七个门，有一定的防御功能，现在城墙和城门都被拆毁，只有南门的文昌阁和东门的刘家祠堂北还有部分残存。文昌阁两侧连接城墙与其他各门相串联，东门

图 2.5 博平村东西大街沿街建筑立面手绘图

图 2.6 博平村中心的东西大街（2016 年摄）

曾连接一座名为"五龙桥"的石拱桥。其他各门遗址都已无法找寻。

有着千年历史的博平古村，不仅有着深厚的历史文化底蕴，而且环境优美，自然景观较多，历史文化与景观的相互融合，使博平古村散发着独特气韵。博平村较著名的景观有：

百衣庵（遗址）俗称尼姑庙，坐落在村南街中间。据说有一位外地女子家境贫寒，要饭到此地，以吃百家饭、穿百家衣为生，后落发修行，辛苦化缘集资建成该尼姑庵，为感谢在落难时百姓的资助定名为"百衣庵"。现在庙的偏殿内墙上还刻画着栩栩如生的人物壁画，诉说着一个个历史故事。现百衣庵建筑主体已坍塌，只剩部分墙体和基础残存。

文昌阁下溢洪关坐落于村南，建于明代，建筑面积 58 平方米。文昌阁也是一个排洪的关口，一到雨季，五龙桥下的洪水就从此关汹涌排出，直奔巴漏河，洪水滔滔酷似黄河。溢洪关用硬黄砂石砌成，以大拱券门为基座，上方用青石镌刻"文昌阁"四个浑厚大字。现保存完好。

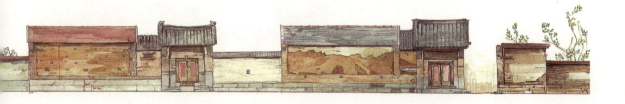

图 2.7　高大气派的民居大门（2016 年摄）　　　　图 2.8　大门是村内民居建筑中的装饰重点（2016 年摄）

狮子口，因一尊威武的石狮盘踞于村中间而得名。现存石狮子为仿照原有石狮子而塑造。

无影碑位于村东门口，因被镶嵌于墙内，从未被人见过而得名。无影碑镌刻着博平村的历史渊源。

锯齿狼牙街现为李家街，因古道为东南西北走向，成为一条斜路。村民建房时为东西找正，所以每户都伸出一个直角，街面就形成了一个锯齿状。当中午阳光照射形成的阴影就像一条巨型的大锯平放在街中，堪称奇观。

玉石马鞍桥是一个看不见而又真实存在的景观，所谓"走桥不见桥"。此桥位于李家街西首，用白如玉的白砂石砌成，桥身横跨古官道，形如马鞍，以此得名。因为桥顶和路面是一个平面，所以形成了走桥不见桥的奇特景象。

图 2.9　博平村东西大街沿街建筑立面手绘图

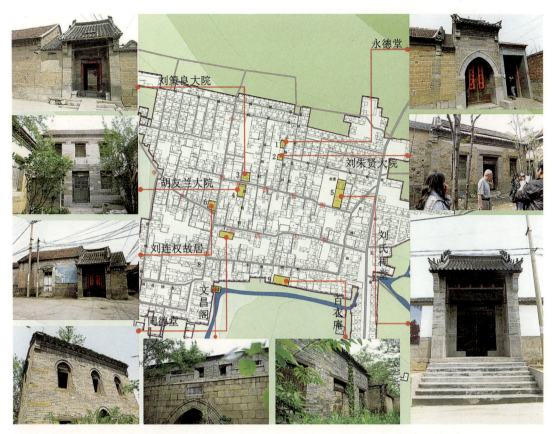

图 2.10　博平村历史要素现状分布图

3. 典型建筑与历史构筑物

　　博平村民居建筑形式主要为四合院或三合院，从总体上保持了北方四合院传统的布局、结构等特征。四合院通常按南北纵轴线布置房屋与院落，院子由大门、二门、影壁、倒座、正房、厢房等若干单体建筑组成。一般在抬梁式木构架外围砌砖墙，屋顶多为硬山式，墙和顶较厚以御严寒。1992年版《章丘县志》中记载了章丘民居的样式："清末、民国时期，住房多为四合院，格局一般为'东南门、西南圈，进入大门就做饭（东屋为伙房）'。北屋是主房，一般3至5间，高于其他房。配房东、西各2至3间。

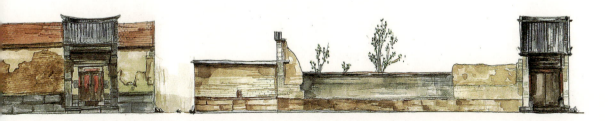

图 2.11　2014 年修缮后的刘氏祠堂北面正殿（2016 年摄）

还有的前庭后院，由北至南，后有台屋，长辈居住。前房有过道，两侧为晚辈居住。中上等人家，进大门有影壁，过影壁拐弯有二门子……"

博平村内的民居建筑形制简朴实用而少装饰，只有门楼是院落中重点装饰的部位，也是至今保存最完整的部分。门楼一般都建于青石基之上，墙为青砖砌成，灰瓦覆于檐顶，正脊是由小花瓦正反相叠拼成的铜钱样式，也叫作"砂锅套"造型，正脊两端高高翘起的雕刻精致的翘首螭吻，十分别致。村中几处门楼檐下还有精致的雀替，虽然已有残损，但从生动玲珑的卷草纹样中仍能领略到木雕工艺的精美。墀头上的砖雕多为动物和花草图案，门墩石、抱鼓石上则是一些有吉祥寓意的图案，图像生动饱满，这种来自传统民居中的艺术符号简单而生动，极富生活气息。

村中民居正门处都设有影壁，村里还有几处宅子保留了传统的影壁墙。由于院内空间有限，这些影壁大多都是"借墙"影壁，依附于东厢房的南墙上，造型比较简单。影壁有檐头，正面图案以斜方砖拼接居多，以简洁实用为主。院内布局与传统北方四合

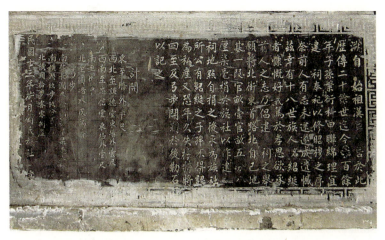

图 2.12　刘氏祠堂建祠碑记（2016 年摄）

院形制相似，有的保留了二门，有的则拆除二门以扩大院内空间。

总体上，博平村民居没有过多装饰，仅有极少数民居的大门门簪和檐檩下的雀替较为精致，少数建筑侧面博风砖和正面墀头部分也有砖雕点缀。

古时博平村商业气氛浓厚，经商人家较多，现今村内遗留的一些恢宏气派的古院落、古祠堂等，正是当年博平村富商大户的

图 2.13　2014 年修缮后的刘氏祠堂大门（2016 年摄）

见证。博平村重点历史建筑如下：

刘氏祠堂位于东西北街东首，是村内至今保存较好的一处公共建筑。根据《刘氏族谱》上记载，刘氏祖先于元朝大德年间从直隶巨鹿县迁移至此，至今已有700多年。直到民国十三年（1924），刘氏第十八代子孙刘绍铤出资购买地基，为刘氏家族修建了这座祠堂。

祠堂原有面积很大，是一座三进祠堂，整个院落进深约56米，宽约16米，面积近900平方米。祠堂大门南对面的一座八字影壁，据说是一位人称"大老安"的瓦匠师傅所建，属影壁中规格较高的形制，比较少见。影壁中间主体部分宽4.2米，高5米，两侧各1米宽，略矮于主墙。影壁下部为青石基座，中间是青砖垒砌的墙体，墙面为30厘米见方的斜方砖拼接图形。顶部则是青筒小瓦覆顶的歇山式结构，整体古朴端庄。

中华人民共和国成立以后，祠堂曾多次遭受拆毁和改造，院落并不完整，一进与二进庭院的建筑设施均被拆毁，只有祠堂的部分主体建筑保存较为完好。2014年对刘氏祠堂进行整体修复，祠堂入口增加新解说牌，主要介绍刘氏祠堂的历史，描述村落历史和祠堂相关的建造结构。祠堂大门修复后呈现新的面貌，门前7层水泥台阶，门楼周身用青砖砌成，两扇黑色大门，屋顶灰色仰合瓦覆顶，水滴瓦当装饰。透风屋脊，两端有砖雕鸱吻，两侧垂脊分别装饰脊兽，房檐下有精美木雕挂罩。进入大门的前院即一进庭院，两侧有空地，北侧是一过厅堂，立面上同样有拱券样式的门窗，中间有一条过廊。走入过廊，两侧各有一门可入过厅，面阔5间，据说这里曾是家族成员在祭祖之前休息的地方。正中间有一条甬道，穿过甬道便来到二进庭院，约16米见方。北侧是一道院墙，拱门两边各有一扇别致的圆形月亮窗，窗户中间是一块青石雕刻的"卍"字形格扇。穿过拱门便是祠堂的第三进庭院，北面正殿三开间，是当年供奉刘氏祖先牌位的地方。中间正厅修建在高台之上，前出柱廊抱厦，进深约7米，宽8.5米。正殿的屋顶比两侧的厢房高，正脊上有精美的缠枝花卉砖雕，柱间的木雕挂落和"卍"字形木格门窗。正殿两侧有耳房，进深5米，宽约3米，西面耳房西墙刻有碑文，记载祠堂修建的历史："溯自始祖汉臣迁居于此，历传20余世迄今600多年……"。东西厢房为三开间，南北长7米，东西宽3米。

刘连权故居位于李家街1号，至今保存较为完好，该故居曾是当年大户人家刘连权的宅院，距今已有百年历史。院落坐北朝南，是典型的四合院式民居，进深约22米，宽约16米。东南为大门，入大门迎面是影壁，影壁墙被重新粉刷过，只有檐头还保留了基本模样。左拐进入院落，原有的二门已被拆除，院内景象了然于目。北面正房是一座二层楼，面阔 3 间，中间比两侧高，楼东西长 16 米；南北宽 4.5 米，中间较高的部分高约 7.8 米，两侧约 7.2 米。小楼的屋顶为传统的硬山式，上面铺着黑色的小筒瓦，正脊由灰瓦叠压而成，两端微微翘起，垂脊则为两段式。该楼由青砖垒砌，上下两层的门窗均为青砖拱券式。中间正厅的大门处由石阶抬高而入，门宽约 1.5 米。一层是后来更换的玻璃门窗，二层则为原装木板门窗。东侧的耳房内，有一木楼梯直通二楼，二楼一般是大户人家的闺房，如今二楼堆满杂物，已被封锁。院内东、西两侧的厢房为两开间的一层建筑，立面有两层开窗。厢房南北长 10 米，东西进深 4 米，靠北较高的一间高约 6 米，靠南的一间约 5.6 米，其墙体与北面正房不同，为砖混结构，门窗则都是青砖发券。南面的倒座为一层两开间，东西长 12.5 米，进深 3.8 米，高约 5.8 米。倒座与西厢房之间是厕所。

　　整个院落布局别致，正北面的 3 间房，中间比两侧略高，而东、西厢房的房顶靠近北面正房的一侧明显略高，远离正房的一侧相对较低，南面的倒座为一层建筑。这种层层加高的建筑布局，

图 2.14　刘连权故居西厢房（2016 年摄）

图 2.15　俯瞰刘连权故居院落全貌（2016 年摄）

图 2.16　胡友兰大院二层北屋（2016 年摄）

不仅外表错落有致，而且寄托了房主渴望步步登高的愿望。

　　刘策良大院位于村子东西北街的中段位置，因对面曾为南北翰林院，故此院曾被当作书房使用。它是典型的一进四合院，坐北朝南，正房和东西厢房保存完整。门楼是保存比较完好的豪华门楼，倒座外侧墙壁有 4 个拴马石，门楼处有休息石凳和门槛，左右两侧有精美垂花木雕，正脊为小灰瓦镂空，侧脊和滴水瓦当保存完好，两侧有精美砖雕墀头装饰，门后有顶门石，进门有精美影壁。院子正房高约 5.5 米，长 7 米，耳房 11 米，总长度 18 米，屋檐为三层青砖铺花挑檐，面阔五间，包括两个耳房。东厢房长 10 米，房屋进深 4.2 米，面阔四间，其中三间为住宿，靠院子入口一间为厨房。所有建筑主体底部都为精细石头砌至腰线，以上用青砖装饰门框和窗框，门楣和窗楣都为简式木栅格窗，墙体内用土坯，外加白色石灰抹平。院内有石榴树 1 棵，寓意多子多孙，还有枣树 1 棵、石碾

图 2.17　永德堂沿街立面（2016 年摄）

图 2.18　永德堂大门上的匾额，上书"履中蹈和"四字（2016 年摄）

图 2.19 永德堂大门正面
（2016 年摄）

和古井各 1 个。院子主人刘策良现已 80 多岁，曾为教师，是优秀共产党员，因大儿子曾经参军当兵，为光荣军属。

胡友兰大院位于东西北街中段的直胡同，在刘策良大院对面胡同内，是保存完好并一直居住至今的少见的 2 层古楼。院落为两进四合院，2 层正房，东西厢房和二层南楼保存完整，因一直居住，建筑顶部都被翻修成大红瓦，为防日晒和冬寒，加修了玻璃封厦。虽外门楼和二进门都偏低矮窄小，但装饰精美，两侧有墀头石雕装饰，且院子和房屋宽敞明亮。正房为客厅和卧室，客厅西侧有 50 厘米木梯，二层铺木地板，3 扇窗户平均分布。南楼为两层青砖到顶，保存完好，现为仓库；北侧为二进门过道，腰线以下由石头砌成，以上为青砖到顶，南楼二层的窗户设两层窗，窗楣和门楣为木条，屋顶铺红瓦。前院倒座 5 间，曾为厨房、房

图 2.20　民居门楼下的木雕垂花（2016 年摄）　　图 2.21　民居门楼墀头上的砖雕图案（2016 年摄）

图 2.22　村中狮子口因有一对石狮而得名，现石狮为近年　图 2.23　雕刻精美的如意拴马石（2016 年摄）
新置（2016 年摄）

屋现已坍塌，只留残墙。院内有一石碾盘。室内原有旧式家具，在 20 世纪 40 年代日军来村"扫荡"时，精美家具都被偷走，现已恢复原有家具样式。目前，院内居住着 80 岁的胡友兰女士，建筑保存完好，电视剧《东方商人》曾在此院取景拍摄。

　　另外，传统村落中的街巷铺地、公共围墙、石磨、石碾盘、水井、影壁、拴马石等历史构筑物以及其他有特色的构筑物，构成了村落重要历史环境风貌，共同记录着博平村千年的岁月和昔日村民的生活景象，成为传统民居建筑中最具温情的证物。

图 2.24　随处可见的石磨等民俗物品（2016 年摄）

4. 村落民俗与非遗传承

博平扮玩有几百年的历史传承，具体起始年代已无法考证。旧时博平人在外经营花行，生活较富足，这些花行的经理、掌柜们一般在小年前回家过年。回来后，他们都会捐钱唱戏扮玩，多则 30 块大洋，少则 10 多块大洋。

章丘各村的扮玩时间基本一致，一般自春节后走完亲戚开始，直到正月十五结束，有时还会延长到正月十六、十七。扮玩的规模一般在六七十人，女性占七成左右，有高跷、秧歌、芯子、腰鼓、大鼓等。扮玩的题材多以传统剧目为主，如吕剧剧目《小姑贤》《墙头记》等；或根据四大名著自行编制的剧目，如《西游记》等；还有一些诸如跑旱船、扮媒婆、傻小子扑蝴蝶等民间杂耍表演。

"文革"时期，全国兴唱样板戏，扮玩活动也随之停止。1983 年改革开放初期，随着家庭联产承包责任制的推行，村里也开始落实土地承包责任制，人们生活水平逐渐提高，被搁置多年的扮玩，也被有此爱好的村民重新组织起来，一直延续至今。扮玩多在村内进行，并有固定的游行路线，有时还会串村，绕着周围几个村庄游行，甚是热闹。串村扮玩可以互相邀请，邀请方或给扮玩队伍几百元钱作为酬谢，或买一条烟、几包糖略表心意，或放些鞭炮，以示尊重与欢迎。无论钱财多少，朴实的扮玩人从不计较，他们看重的是乡人之间浓浓的情义，以及人们从他们的表演中收获的快乐。

博平村的扮玩路线是从村民先在祠堂化装开始，然后自祠堂出发，向西经东西北街，再向南经中纬街，到东西大街，再向东出庄，沿邻近几个庄游行一圈然后回庄，从村西南角的西门入村，到南街，经东纬街，最后回到祠堂。因为拥有百年传承不变的扮玩节俗，每年春节博平人都过得多姿多彩，人们沉浸在那份欢乐中，释放一年所有的辛劳。热闹的扮玩活动结束后，人们又要投入到下一年的忙碌中。

图 2.25　因地处长白山下，村中水井众多，水质很好（2016 年摄）

葫芦画是博平村非常有特色的一项手工技艺。每年公历 4 月底 5 月初，村民开始栽葫芦苗，6 月底葫芦开始结果，到 9 月初成熟。栽种的葫芦品种来自北京，有大宝葫芦、瓢葫芦、手捻葫芦等。葫芦摘下后，就开始葫芦画的制作过程：（1）挑葫芦，挑选较长的、周正的、有加工条件的葫芦；（2）打皮，用的工具一般选用刷碗用的钢丝网搓；（3）晾干，晾葫芦时要放在通风处风干，不能晒，否则极易开裂、起皱皮，如果葫芦遇水发霉了也不能用；（4）描画，用铅笔或者细毛笔在葫芦上画出图案，画山水画时多用细毛笔；（5）烙画，通常先画好底子，然后用烙铁烫画，再上彩。博平村葫芦画的题材多以山水、花鸟、人物等为主，人物画像多为李清照像、毛主席像、关公像、神像等。一个葫芦画作品（包括彩绘葫芦），只需三四天时间即可制作完成。目前博平村葫芦画的传承人是刘清蒲。

古村博平的房屋建造技艺历史悠久，但随着时代的进步，泥瓦匠越来越成为人们记忆中的一个称呼。很多过去身怀绝技的泥瓦匠人或衰老，或辞世。博平村还健在的老泥瓦匠人是生于1939年的刘杰贤，作为曾经显赫乡里的刘氏家族的第21世孙，刘杰贤属于博平的第三代泥瓦匠人。20世纪60年代，23岁的刘杰贤拜来自泰安新泰的陈师傅为师学习建房技艺，虽然当时没有什么拜师仪式，但建房技艺也不能随便学，需要经过生产队的批准，刘杰贤的介绍人是时任村副大队长徐志昌和时任村支书刘兆禄。刘杰贤先跟着师傅盖民房，后到大队做水利工程，在跟随陈师傅学习3年后，刘杰贤才出徒。出师后，他在村里盖房1天计10个工分，提成5角钱，一年算一回账。每逢春节、八月十五和陈师傅的生日，刘杰贤都会带一些礼品到师傅家以示孝敬。现在，刘杰贤在本村有4位正式徒弟。刘杰贤曾指导过屋脊上翘头及檐头的修建，还指导过一些现场工程的施工。

村民盖房，需要先找风水先生看风水、选位置。盖房时先挖地槽，再打地基，然后向上盖。盖房一般需要瓦工和木工两支队伍相互配合。瓦工要按主家的要求负责盖多大的房子，一般建3间屋，房屋宽4米左右，长7.5米左右。瓦匠需要给木匠提供房屋的长、宽尺寸，木匠则根据尺寸开始做门窗等木工活。泥瓦匠使用的工具有拐尺、水平、瓦刀、锤、锥、劈子等。建房时，一般3间房屋需要30个工。20世纪70年代之前，建房讲究的人家所需工人更多，多时有50多人。这是因为人们认为，斥工越多，房屋质量越好。20世纪80年代以后，盖房所需工人减少，一般盖3间房，需三四个技工和工头的大工，约20个小工，从事和泥、搬砖、搬坯等活计。因此，大工和小工的报酬也不相同。20世纪80年代，一个大工一天挣5元，小工则挣1.5元。

自20世纪70年代始，博平村开始换瓦屋，20世纪80年代后更是大规模更换。当时所盖房屋绝大多数是大瓦屋，几乎没有小瓦屋，普集公社建有瓦厂。到了20世纪90年代，人们开始用红砖盖房，村里建有砖厂。

袭家庄村：

古今书香地　御封袭家人

1. 地理环境与历史沿革

袭家庄村位于济南市章丘区普集街道办事处驻地东 3 千米处，距章丘区火车站 20 千米，距省会济南 50 多千米。南临省内主要的东西交通干线济青公路、胶济铁路，对外交通便利。

袭家庄建村历史悠久。据传，村庄最早建于宋末元初，最初名为阎郭庄，只有阎、郭两姓人家。元末明初，习姓从河北枣强县迁入，择此定居，人丁兴旺，遂改名为"习家庄"。明嘉靖年间，村里出了个博学多才的教书先生袭勖，桃李满天下，后被嘉靖皇帝宣召嘉奖，并赐龙袍。袭勖为感皇恩，将"习"姓改为"龙衣"之"袭"。习家庄也成了袭家庄，沿用至今。袭勖被袭家庄村民视为袭氏宗祖，并亲切地称其为"三老爷爷"。对于"习"姓改为"袭"姓一说，在 2002 年袭家庄村第八次续修的家谱中，曾说道："我袭氏宗族之来龙去脉，除宗谱所载外，众说纷纭。现据吾辈记忆，村东关帝庙原有石碑一方，上镌捐助者姓名，凡袭姓者，其'袭'皆为'习'字。然此，足以证实我袭氏宗姓实由'习'易'袭'而来；究因何故何时而易，已无从考稽，其传说终归传说而已。"

袭家庄现有 370 余户，人口 1000 余人，有袭、巩、李、王、潘、张等 10 多个姓氏，其中袭姓是村中大姓，袭姓人口占总人数的 90% 左右。村内公共设施有党群服务中心、卫生室、小学、村民活动广场等。村庄占地面积约 157.75 公顷，主产小麦、玉米、谷子、地瓜等农作物。村内现有 8 家企业，主要从事锻造、门窗、包装加工等行业，村民在家门口即可实现就业，村集体年收入为 100 多万元。

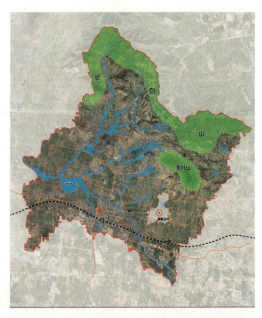

图 3.1　袭家庄村在普集街道的位置示意图

2.村落空间格局

袭家庄村落选址依山傍水，南临泰沂山脉与长白山脉形成的平川，北靠长白山阳的高峰东陵山。在村庄东北部，有一座长白山山麓权枒山，今称茶叶山，旧时有 5 条沟壑在此交汇，形成壮观的自然地理景观，村民形象地称之为"五龙口"。袭家庄即处于五龙口前的缓坡地带。背倚山峰、面朝水源的地理环境，使得袭家庄土壤肥沃，宜耕宜居。

袭家庄旧时以村中东部的袭氏家祠为村中心，村内保留的传统民居建筑大多集中在这一地带，而关帝庙、老君祠、文昌阁位于村庄东部。后来随着人口增多和村落发展需要，村庄以袭氏家祠为中心向南、向西发展，新建住宅多集中在此。村内的企业、商店则集中分布在村西处的许辛路工业园。五龙口老湾位于村北，原为自然沟壑，清初由村人用石砌成防洪蓄水沟。老湾旁原有龙王庙一座，今已不存。

村内街巷呈棋盘状布局，主要道路以三纵三横式分布，村内三条横向主路分别是杏杨路、中心大街、庙后路，依次分布在村南、村中、村北位置。三条纵向道路为许辛路、西环路和东环路，其中村西端的许辛路是连接对外交通的通道，与村内三条横向主路相交，数条南北向的支路又与各条纵横向主路相连，共同架构起村落整个交通网络。现村内主路和很多支路大都已铺上了水泥路面，以方便车辆通行。

图 3.2　袭家庄村道路分布图

3.村落典型历史建筑

　　袭家庄现保留的传统民居建筑以砖石土坯结构为主，硬山顶，屋顶覆盖灰瓦或红瓦。传统民居建筑多以条石作基，条石主要开采自村南的青龙山。条石之上用青砖垒筑墙体，为节省砖材，青砖主要被用在房屋四角、门窗框处，其余则用土坯砖垒砌。村内的传统民居建筑墙体普遍厚实，厚度可达54厘米，在建造方式上也是砖土混合，外层20厘米墙体用青砖建造，内层34厘米墙体用土坯砖，屋内墙体用石灰抹面。经济富裕人家在建造房屋时沿街墙面也会采用青砖，以显家境富足；经济实力稍次者，房屋墙面就用石灰砖包面；家境困难者仅正房山墙用石灰砖包面，厢房墙体则是土 坯墙面，外层用掺杂着麦秸泥的石灰抹面。

　　袭家庄村内的传统民居门楼普遍建造质量较高，村内传统民居门楼主要为屋宇式大门，门框进深约30–50厘米，硬山灰瓦屋顶，建筑材料以青砖、条石、土坯和灰渣砖为主，条石作基，条石以上有的垒砌三层青砖，青砖以上用土坯砖或石灰砖垒筑墙体，有的直接用青砖砌筑。大门两侧门框多采用青砖，木门上方以条石过梁。门楼是每家门户的代表，从门楼建造材料和建筑质量上已彰显出主人的经济实力和社会地位。村内民居门楼以简洁大方为主体风格，朴实坚固，无过多装饰，石材上也只简单凿刻着或精细或粗犷的石刻线条。

图3.3　袭氏家祠临街立面手绘图（王琦绘）

袭家庄现有标准四合院 8 处，四合院布局规整，以正房、东西厢房、南屋为主要建筑，围合成的中间庭院或方正精巧，或开阔呈矩形。四合院的正房即北屋，坐北朝南，高于东、西厢房和南屋。南屋东面是大门，西面是栏圈，大门设在东南角，高于南屋而低于主房，以东屋山墙形成座山影壁，进入大门左拐入院，充分体现了"东南门，西南圈，东屋做饭不用看"的建筑布局谚语。四合院多为石基硬山式建筑，墙体为砖土混合结构，黛瓦覆顶。村内大部分四合院建造历史都在百年以上，如村民袭建利、袭祥深家四合院。

除标准四合院外，袭家庄还保留着历史悠久的袭氏家祠、文昌阁、关帝庙、老君祠等传统建筑。它们是袭家庄历史文化的见证，也是村落对外宣传的文化名片。2019 年 6 月，袭家庄入选第五批中国传统村落名录。

袭氏家祠，建于明朝嘉靖年间，距今已有 400 多年历史，位于村落中心大街路北。门楼高大精致，砖石结构，硬山屋顶，透花砖雕垂脊，门楼外设八字影壁墙，壁心现已改成白灰抹面，成为村委财务和村务公示栏。门楼两侧墀头刻着精致的砖雕图案，门楣上悬挂着一方大匾，上书"袭氏家祠"四字。进入大门，映入眼帘的便是高大肃穆的袭氏家祠，祠堂坐落在高约 50 厘米的月台上，前厦后厅式建筑，三开间，石基砖墙，硬山屋脊，红瓦覆顶，前厦与厅内各竖立着 4 根粗壮的红色圆木柱，厅内上空横架四架圆浑木梁，为"四梁八柱"式建筑结构，前厦下 4 根木柱均立于圆鼓形石础之上。

屋顶正脊两端砌筑砖雕鸱吻，两侧垂脊造型精美，雕刻着花枝缠绕、花朵硕大的浮雕牡丹。家祠两侧墀头上分别雕刻着"犀牛望月""麒麟望月"砖雕图案。门楣上悬挂着一块"木本水源"四字匾额。厅内仍保留着原有的土坯地面，虽已斑驳坑洼不平，但仍可看清铺设讲究的方形线条。厅内近正中位置铺设着一块方形青石，据说是当年袭氏族人举行家族祭祀时的跪拜之处。袭氏家祠整体建造宏观大方，用料上乘，建造讲究，房基处所用青石打造精细，石面上均雕刻着精密流畅、宽度一致的錾凿线条。

在村人记忆中，袭氏家祠只在 2002 年第 8 次修谱时举行过一次祭祖活动。现袭氏家祠已成为村史馆，厅内摆放着老式家具、纺织、农具等传统生活和农作用品，墙上贴着袭氏宗族袭勖的传说故事和袭勖诗文。

图 3.4 袭氏家祠大门两侧的墀头砖雕，左为"犀牛望日"，右为"麒麟望月"（2023 年摄）

图 3.5 袭氏家祠和袭勖祠堂，两座建筑都建在月台之上（2023 年摄）

图 3.6 裘氏家祠建筑用料讲究，砌石打磨精细，砌筑规整（2023 年摄）

图 3.7 厅内近正中位置的方石，据说是裘氏族人祭祖时跪拜之处（2023 年摄）

图 3.8 家祠内仍保留着过去的地面，虽斑驳坑洼不平，仍可辨识其铺设的方砖（2023 年摄）

图 3.9 裘氏家祠垂脊上的牡丹砖雕（2023 年摄）

图 3.10　袭氏家祠现已成为袭家庄村史馆，厅内摆放着老式家具、纺织、农具等传统生活、农作用品（2023 年摄）

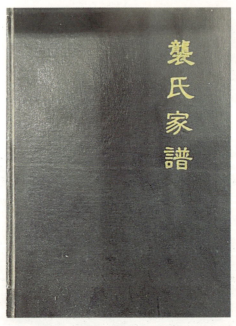

图 3.11　2002 年袭氏家族第八次续修家谱（2023 年摄）

图 3.12　第八次续修家谱碑记，立于袭氏家祠前厦下（2023 年摄）

袭勖祠堂坐落于袭氏祠堂大院内，紧挨袭氏家祠，同样坐落在高约 50 厘米的月台之上，坐北朝南，面阔 3 间，石基砖墙，硬山脊，红瓦覆顶。祠堂山墙为砖石结构，墙面正中部分由石块砌筑，四周用青砖，使山墙墙面呈现出一定的层次感和审美情趣。祠堂室内面积约有 50 平方米，原塑有袭氏八代孙袭勖与其两位夫人泥塑像，现泥塑像已不存，只在中堂处悬挂着一幅袭勖画像。袭勖祠堂整体建筑要高于袭氏家祠，与袭氏家祠一样，在垂脊、墀头处都雕刻着精美砖雕。袭勖祠堂两侧垂脊上雕刻着龙纹形砖雕图案，博风板顶端同样雕刻着菊花纹样图案，左右墀头砖雕上则分别是梅花和牡丹装饰。现袭勖祠堂也成了以介绍袭勖传说故事为主的乡贤馆。

图 3.13　中堂处悬挂的袭勖画像（2023 年摄）

图 3.14　袭勖祠堂墀头上的梅花、菊花砖雕（2023 年摄）

图 3.15　墀头上梅花、菊花手绘线描图，纹样细致生动（王琦绘）

文昌阁位于村庄东古道上，为楼阁式建筑，门楼坐北朝南，硬山顶，仰瓦屋面，正脊处有繁花锦簇的牡丹花砖雕，正脊两端为龙形鸱吻。两侧垂脊装饰有脊兽，脊端高高翘起。门楼东侧墙体处镶嵌着两方石碑，碑文模糊，仅看出"阖庄修龙王庙"字样，时间是清"光绪二十五年菊月上浣"。据村人介绍，此处是龙王庙所在位置。在 20 世纪 60 年代的一张旧照片中，还保留着龙王庙门楼部分，砖石结构，灰瓦覆盖，正脊两端镶嵌着鸱吻。

文昌阁下方有石砌拱券门洞道，古道从门洞中穿过，是过去通往淄川的官道。拱形门洞上方镶嵌着石匾额，东曰"仍古"，西曰"大成"。过去文昌阁门楼前有 13 层石台阶。门前道路所处地势较低，后因村庄扩建，古道所处区域被填土抬高，西边门洞上的"大成"匾额、门洞古道均被埋于土层之下，而文昌阁门楼前的 13 层石台阶现在也仅保留了 3 层，其余皆被埋于地下。现仅剩东边门洞上方的"仍古"匾额和门洞古道可见。

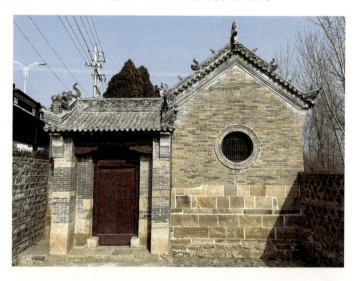

图 3.16　位于村东部的文昌阁坐东朝西，门楼坐北朝南（2023 年摄）

图 3.17 文昌阁东立面，下方是石砌拱券门洞道，是过去通往淄川的官道（2023 年摄）

图 3.18 文昌阁正立面，面阔三间，前厦后厅、四梁八柱结构（2023 年摄）

图 3.19　门楼正脊上的牡丹砖雕（2023 年摄）

图 3.20　20 世纪 60 年代的文昌阁，下面是古官道，门楼前有 13 层石台阶。门楼左侧保留着龙王庙门楼

图 3.21　文昌阁及门楼屋面，灰瓦覆顶，均为硬山顶（2023 年摄）

图 3.22　修缮后的文昌阁正脊（2023 年摄）

　　坐落在古门洞道上的文昌阁，坐东朝西，面阔三间，石基砖墙，硬山屋脊，筒瓦屋面。与袭氏家祠一样，同为前厦后厅、四梁八柱式建筑结构。文昌阁正脊建造尤其精美，青砖雕饰的双龙戏珠图案栩栩如生，两条青龙龙嘴大张，丝绸缠绕的宝珠置于两龙首之间，龙身蜿蜒曲伸，片片龙鳞细腻生动。正脊两端镶有螭吻吉兽，中间置有一葫芦宝瓶。文昌阁两侧墀头有砖刻雕花，右镌"连登"，左镌"审科"字样，诠释了建造文昌阁的意义。前厦两侧墙壁上有龟背纹砖壁，南、北山墙上各设有一个精美的圆形开窗。文昌阁殿内雕梁画壁，南、北两侧墙壁和梁架上画有壁画和彩绘，壁画虽已剥落残缺，但仍余留上端部分。北墙壁画保

图 3.23　文昌阁殿内梁架上的彩绘，用色明艳，绘有飞龙纹样（2023 年摄）

存得较完好，色彩鲜艳，图案清晰，壁画内容以两棵苍劲松柏为主体，右边留有诗文两句："明月松间照，清泉石上流。"南墙壁画破损稍重，图案模糊，仅依稀可辨为枝叶舒展的梅花图样。梁架上的彩绘用色明艳，同样因模糊不清，只能辨出是祥云围绕的飞龙纹样。

老君祠创建于清光绪年间，距今已有百余年的历史，位于文昌阁北，关帝庙左，面阔三间，砖石结构，灰瓦覆顶，脊上镶有鸱吻，两侧墀头上仍保留着原有的砖雕图案。老君祠是清朝时本村铁匠集资所建，章丘自古就是铁匠之乡，过去村内铁匠较多，老君是铁匠们的祖师爷。每逢春节过后，村内铁匠们外出"闯关东"，讨生活，都要先祭拜老君，以求平安和发财。据村人介绍，老君祠旁原立有两块石碑，字迹清晰。碑记为民国二十四年（1935）创修《老君碑记》，记载了老君祠的创建时间、选址位置、创建人等信息。后石碑被迁移到裘氏家祠内，立于前厦左侧。

图 3.24　原立于老君祠的两块石碑，后被迁移到裘氏家祠院内（2023 年摄）

图 3.25　建于清光绪年间的老君祠，砖石结构，面阔三间（2023 年摄）

关帝庙在老君祠西，面阔三间，方石基，青砖墙体，硬山透风脊，灰瓦屋面，门窗处均以整块精细条石过梁。20 世纪时关帝庙曾做过小学教室，顶部已被改造，但 4 架浑厚木梁仍保持着原样，梁架上保留着线绘青龙图，房顶檩条正中位置有双龙戏珠彩绘。

图 3.26　关帝庙位于老君祠西侧，三开间，硬山筒瓦屋顶，透风脊（2023 年摄）

　　裴建利家四合院位于村中东部，约建于清末，已有上百年历史。该四合院虽面积稍显局促，但布局极为完整，正房、东西厢房、南屋、大门一应俱全，中间围合成的庭院也基本呈方形。据75 岁的裴建利介绍，四合院由其爷爷建造。其爷爷共有 4 位兄弟，其中两位兄弟旧时长期在北京做生意，见多了老北京传统四合院，在自家建房时也充分借鉴了北京四合院的建造形式。留在老家的裴建利的爷爷经营着一个小型砖窑厂，所烧青砖销售到四邻八乡，经济实力也比村中一般人家富裕。这也使得裴建利家四合院建筑外层 20 厘米厚墙体几乎都采用了青砖砌筑。

　　裴建利家四合院大门建造质量较好，砖石结构，硬山灰瓦顶，正脊与垂脊都采用透风脊，既通风又美观。进入大门，即可看到依东厢山墙而建的座山影壁，影壁建得也很讲究，砖石结构，壁顶采用硬山顶式，两侧有造型简洁的墀头，壁座以两层青石作基，壁心四周用青砖，现壁心被抹成了白灰面。进入大门左拐，即可看到方正精致的四合院布局，院内正房、东西厢房和南屋都是标准的三开间，房基用 2-3 层条石。正房右侧又建有一间耳房，因为耳房与东厢房之间间距较小，所以耳房门开在了正门屋内。厨房设在东厢房最外侧房间，正合谚语"东屋做饭看不见"。相比之下，正房和南屋的建造质量要高于厢房，这两处建筑外层墙体全部用青砖，东西厢房除门框、房屋四角用砖外，其余部位则用土坯。院内建筑门窗上方的过梁条石选材尤其上乘，整块条石线型流畅，完整无损，条石上的石刻线条精致细密。现院内建筑屋顶因后期维修，都改成了机制红瓦，但所有垂脊都保留着原来的透风脊样式。与其他几处房屋墙体不同的是，南屋砖墙上有很多红色砖。据袭建利说，这是过去爷爷烧窑时烧制的残次砖块，因不好售卖，就用来建房。为了防潮防水，四合院的各房间内墙距地面1米以下部分都用青砖砌筑，往上才用土坯，内外层砖土结合的墙体厚度达54厘米，坚固结实，也使得房屋具有了冬暖夏凉的优点。

图 3.27 袭建利家的门楼，硬山顶，用料讲究，砌筑技艺精湛（2023 年摄）

图 3.28　袭建利住宅的大门及倒座立面，砖石结构（2023 年摄）

图 3.29　袭建利家东厢房隔墙上的墙
洞（2023 年摄）

图 3.30　袭建利家东厢房内隔墙的通风口
及装饰花纹（2023 年摄）

图 3.31　正对大门的座山影壁，青石作基，
硬山顶透风脊（2023 年摄）

图 3.32   裘建利家四合院正房，三开间，用料讲究，砌筑工艺精湛（2023 年摄）

图 3.33   裘建利家四合院东厢房（2023 年摄）

袭建利家四合院每处房间内的隔断墙体上都有一个长方形墙洞，据袭建利介绍，此墙洞又称避难洞。过去章丘一带匪患较多，村民常受袭扰。遇匪患侵袭家院时，人们就将此墙洞捣开，因每间房屋都设有这样的洞，形成串联，从洞口可依次进入不同房间，然后再从院落后门逃生。平时墙洞就用来放置闲杂物品，作储藏之用。

袭祥深家四合院，具体建造年代不详，村人亦无一人说清此院落建于何时。据袭祥深介绍，祖上一直从事粉条加工生意，家境殷实，发家致富后便购置田产建房。该院占地面积约 534 平方米，开阔敞亮，呈长方形。院内有正房、东西厢房，南屋于两年前倒塌，未再重建。大门设在东面，与东厢房相连。四合院的建筑用材主要为砖、石、土坯混合，条石作基，建筑质量上乘。外层墙体均为青砖，内层墙体用土坯。北屋正房三开间，硬山顶，灰瓦透风正脊，脊端上翘，右侧亦建有一间耳房。左右东西厢房各 6 开间，整齐划一的 6 间房屋并联建造，颇具气势。现所有建筑的屋顶均已重修，屋面被换成了机制大灰瓦或红瓦，但透风垂脊仍保持着原有样式。

院内各青砖墙面上镶嵌有多个排列有序的黄色方块石，这种方块石又被形象地称为"钉子石"，可起到固定外层砖墙和内层土坯墙的作用。层层错落、间隔有度的钉子石嵌于墙体之内，只露出一个个大小一致的方块形钉子石顶端，分布在浑厚单一的青砖墙面上，使墙面多了一份灵动和色彩变化。院内建筑门窗至今还保留着原有的木质传统花纹样式，只是主人在木质门窗外又加了一层现代塑钢玻璃门窗，被遮挡的里层窗户四角的木雕花纹映在玻璃上，如玻璃自身所带图案，精致自然。

图 3.34　袭祥深四合院正房，三开间，门窗和屋面瓦已被更换（2023 年摄）

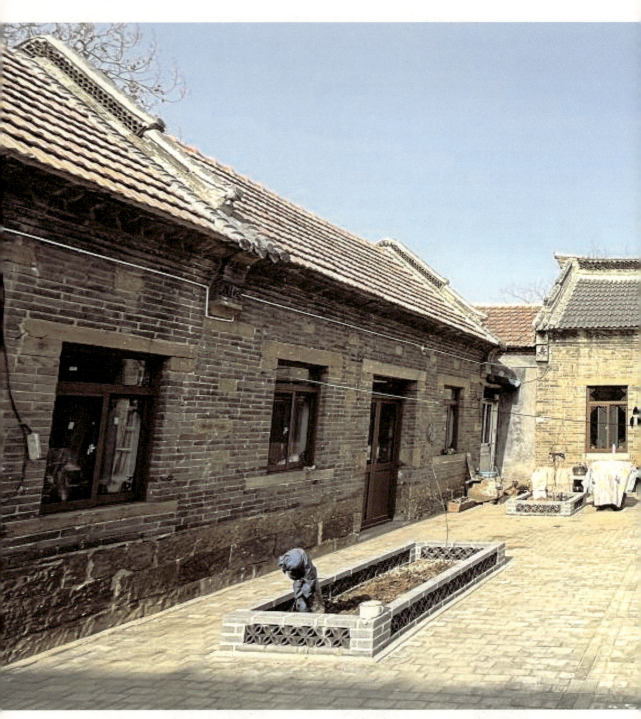

图 3.35 袭祥深家开阔的院落（2023 年摄）

图 3.36　裴祥深家的四合院门楼，砖仿木斗拱、椽子和飞檐较有特色（2023 年摄）

图 3.37　袭祥深家六开间的西厢房，条石为基，青砖砌墙（2023 年摄）

图 3.38　袭祥深家四合院东厢房手绘图，墙上嵌有"钉子石"（王琦绘）

4. 村落民俗生活与非遗传承

　　每一个历史悠久的传统村落都有着深厚的文化底蕴，袭家庄亦是如此。有着近千年历史的袭家庄村，族人袭勖的博学多才、教书育人、授封改姓等流芳百世的传说故事，不仅使袭家庄人备感荣耀，也使这一处于鲁中地区的传统村落具有了书香之气。袭氏家祠更成为袭家庄村厚重历史文化的一部分，袭勖之名及事迹也载入旧《章丘县志》。

　　袭勖（生卒年不详），字懋卿，一字克懋，号耻庵，是明嘉靖年间著名的诗人、教育家，也是当时以李攀龙为领袖的"济南诗派"的重要成员。袭勖少年家贫，为人牧牛，但天资聪慧，读书刻苦，严于律己。他青年时即已博学多才，对经史百家、诗文小说无不通晓。袭勖一生科场失意，30 岁考取济南府学生员，直到 60 岁时才任江都县训导、威县教谕，迁任开平卫教授。他一生著作颇丰，诲人无数，有《懋卿集》《训子质疑》《性命辩》等流传后世，学生中有多人在朝为官。

　　传说有一年，学生请满腹经纶的袭勖进京小住，恰逢外国使者向朝廷呈递国书，但面对满纸的"蝌蚪文"，满朝文武一筹莫展。袭勖见学生手中的国书，片刻便识得这是一种"黑曼文"，遂将国书翻译。由此，袭勖受到嘉靖皇帝奖励，并被赏赐龙衣一件。自那以后，袭勖也将原姓"习"字改为"龙衣"之"袭"。关于袭勖的传说故事众多，如"访友改诗传后世""进宫见驾改姓袭""封官不受封教谕""出任知府留英名""错传圣旨造神像"等，袭家庄村人多能对这些故事口述一二，而"进宫见驾改姓袭"

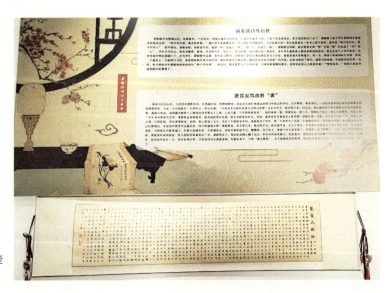

图 3.39　袭氏家祠墙上悬挂的袭勖的传说故事（2023 年摄）

传说几乎家喻户晓。2008 年 6 月，"袭勖的传说故事"被评为济南市第二批市级非物质文化遗产。

吕剧，自 20 世纪五六十年代即是袭家村人自娱自乐的主要曲艺。在村中，吕剧也被村民们称为"迷戏"。过去的袭家庄与景泉村、桥子村同属一个大队，20 世纪 60 年代初，村里就有宣传队，成员由 3 个村子中的喜爱唱戏、会敲锣打鼓的人组成，成员有 20 多人。今年 85 岁的袭建政老人，多才多艺，读书写作、吹拉弹唱、中医针灸无所不能。那时的他既是当时袭家小学的老师，业余时间也是村里宣传队锣鼓队中的一员。每逢春节过后，自年初二开始，宣传队成员就拉开了吕剧表演的序幕。戏台设在袭氏家祠内——为了活跃村民文化娱乐生活，1963 年，村大队便在袭氏家祠内搭建了戏台。吕剧演唱一直持续到正月初六。为期 4 天的大戏，是村民一年中最期盼的节日，家祠院内挤满了全村老少，邻近村庄来看戏的人也络绎不绝。据袭建政老人回忆，4 天大戏相当隆重，演员都要化妆、穿戴好戏服，才能登场。演出的剧目也都是村民喜闻乐见、当时流行的曲目，如《小姑贤》《王定宝借当》《墙头记》等。

几十年来，袭家庄村民演唱吕剧的习俗一直没有中断，演唱吕剧也成为村民农忙之余一种娱乐放松的重要活动形式。袭氏家祠内的老戏台早已被拆除，2022 年，村委在村东口又新建起更大更亮堂的戏台。开阔的场地，与时俱进的新时代表演内容，使袭家庄村的民俗生活越加丰富多彩。

图 3.40　村内逢有文化演出时，吕剧是必不可少的表演节目（2022 年摄）

梭庄村：

山明水秀的北方园林

1. 地理环境与历史沿革

梭庄村现隶属于章丘区相公庄街道,地处章丘区东北部,北临邹平县,南邻相公庄街道郝二村,西邻章丘区绣江路,东依长白山山脉。村庄三面环山,料石资源丰富。

梭庄地处济阳凹陷区,地质构造形式为单斜岩层,在地貌上属山地丘陵区,地处长白山西麓,三山(梭山、雪山、寨山)环绕,形成与外界隔绝的天然屏障,村前漯溪潺潺流过,山清水秀,风景宜人,犹如世外桃源。

梭庄村村名源于梭山,据《章丘县志·艺文·游梭山园记》记载:"去邑十里而近,有梭山焉。山形如梭,民依山成村,因曰'梭庄'。"此地早在晋代就有人居住,唐代晚期正式建村,距今已有1000多年的历史。据《重修雪山寺》碑文记载:"宋元以来,虽金山、虎丘不能尚也。"可见宋朝时雪山寺香火之盛。据此推断,当时山下梭庄定居人口已成规模。据清道光十三年(1833)《章丘县志》及《李氏族谱》记载,早在元代,这里就出过贤达三人:"钦赐带职还第,敕旨三章,后有御批兰草,载通省志。"世事变迁,人事代谢。明朝初年,梭庄李氏先祖李七秀才,从巡检庄迁居梭庄,在此开枝散叶,繁衍子嗣。明末清初,李氏"一门三代,七举人,五进士",一时佳话传颂至今。

图 4.1 梭庄村在清道光十三年(1833)《章丘县志·疆域图·今治图考》中的位置(此图据原图着色)

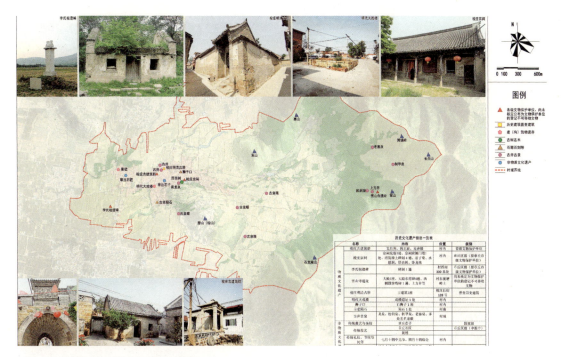

图 4.2　梭庄村历史文化遗产信息一览图

2. 村落空间格局

梭庄村位于寨山、雪山、梭山三山围拱的夹谷地，地势较为平坦。村子东西向较长，南北向稍短。村庄对外的主要道路有梭庄大道、村北街，宽度 4-6 米；村内步行道路宽度约为 2-3 米，主次分明。村内街巷呈现出"四横四纵"的格局：四横为顺河街、中街、后街、村北街，四纵为石铺老街、南北胡同、青龙街、村东街，其他阡陌小巷与之纵横交错。村中大部分民居分布在主干道周围，主干道与街巷共同构成村落的交通体系，体现了团状型与带状型相结合的空间格局。

村口位于梭庄大道与顺河街交会处，现已修成水泥硬化路。沿主干道向东北方向，可见文昌阁。文昌阁前有甬道通向村内。此道为石板路，石板路至中街与后街交叉路口止，道路为水泥硬化路面。典型历史建筑集中分布在村内东、西两侧，西侧分布有元音楼、文昌阁、药王殿，东侧有李氏宗祠和南阁。

村中有一河、二沟、十三峪、七十二泉。村南部有漯溪由东向西穿村而过，在村庄南部和北部分别形成南沟、北沟两条季节性排水沟，最终汇入巴漏河。村域内有两处山泉，分别是青龙泉和松间泉，常年有水，泉水清澈。村东现有一处河洼水库。

图 4.3　村内石板路（2021 年摄）

图 4.4　村内石板路（2021 年摄）

3.村落典型历史建筑

　　梭庄村作为章丘区典型的传统村落，建筑以土石结构为主，青石房基，硬山式房顶，木梁架。因村落周围多山，村民们在建造房屋时就地取材，开采山石建房，因此，村落建筑材料多为石材。院落为典型的三合院或四合院式。村内半数门楼都是规格不同，但相当讲究的二出头，数层门台，阶条根脚，砖镶门口，石灰墙皮，福寿迎壁，整体美观大方。

院落通常按南北纵轴线布置房屋与院落，院子由大门、二门、影壁、倒座、正房、厢房等若干单体建筑组成。建筑建造上多为抬梁式结构形式，采用柱子与木屋架榫卯结合的结构，周遭使用石墙维护，如李氏宗祠。除此之外，梭庄村还有全石结构的建筑和具有特色的卷棚顶屋顶结构的建筑，如药王殿、承恩洞。

梭庄村的民居建筑形制朴实，少用装饰，只有门楼是重点装饰部位、至今保存最为完整的部分。极少数民居的大门门簪和檐檩下的雀替较为精致，少数建筑侧面博风砖和正面墀头部分也有

图 4.5 拴马石

图 4.6 典型民居门楼，历经岁月沧桑，仍不失高大气派之势（2021 年摄）

图 4.7 梭庄村保留下来的井屋（2021 年摄）

图 4.8　李氏宗祠五开间，带前廊，属章丘范围内规模较大的民居建筑，显示了李氏家族显赫的经济实力（2021 年摄）

砖雕点缀。村内文物古迹众多，有梭庄李氏宗祠、文昌阁、元音楼、药王庙、南阁等，百余栋历史建筑仍保留着原始的风貌特征。其中重点历史建筑有：

李氏宗祠位于村落东部，原为李缙明故居，后因其成熟的建造技术、高大的建筑体量及良好的建筑环境，被改造成李氏宗祠，族人称其为家庙。李氏宗祠由寝堂、东院、西院、泮池和戏楼组成。

宗祠分上、下两院，上院中心有坐北向南的五间大殿，由原来的君子堂改建而成。主厅坐北向南，明五间暗两间共七楹，一门二窗，砖铺地面，建筑整体风格协调、朴实、庄重、大方，四面墙壁与当地其他民房无异，阶条墙根，数层砖线，墙体局部并有土坯，后墙外表并用乱石灰土。墙内的顶梁立柱、大梁、二梁、叉子、椽子、檩条等的原材料，全是从江南运来的，并由当地工匠精心制作。400多年，无论气候和环境如何变化，其木质几乎未有裂缝。

殿前左右方各有小院一个，两院格局相同，建筑精致典雅。左院为祭祀前人员更衣之处，后被用作看家庙人员住所。右院为外村族人来祭祖时食宿的地方。殿前的甬道用精细的石条铺成，两旁古柏参天，棵棵合抱不交。甬道两旁有石碑矗立：有记载光

图 4.9　李氏宗祠入口现状（2021 年摄）

绪十三年（1887）建祠与重修重大事项的，有表彰族中义夫节妇、孝子贤孙的，另有刻着祖宗留下的 20 条族规的《十戒碑》。《十戒碑》的内容：

一戒不忠不孝，不仁不义；

一戒欺宗辱族，不敬祖坟；

一戒改姓换名，脱离宗族；

一戒不孝父母，疏远昆仲；

一戒目无长者，不尊街邻；

一戒为富不仁，见贫不助；

一戒为官不清，盘剥民众；

一戒不守族规，目无法纪；

一戒醉酒滋事，招娼窝赌；

一戒义子入谱，甥继其舅；

一戒无过休妻，宠妾欺嫡；

一戒无子继孙，无配孤葬。

大殿门前，甬道北首，左右各有一座三尺多高的石雕立台，是仿京城金殿及府、县文庙所设。

南阁位于村落东部，又称横翠阁，与君子堂、承恩洞形成核

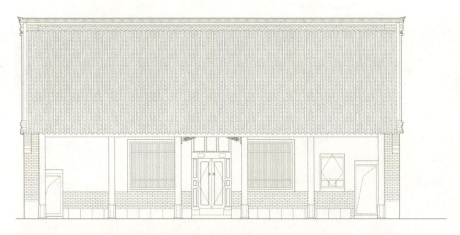

图 4.10　李氏宗祠君子堂建筑立面示意图（黄萍绘）

图 4.11　李氏族谱

图 4.12　李氏宗祠院内《十戒碑》上刻着先祖留下的 20 条族规（2021 年摄）

图 4.13　李氏宗祠君子堂建筑南立面，整体风格协调、朴实、庄重、大方（2021 年摄）

心中轴，并通过三面复道将上下两院组合成院落。门前一步远即是漯河，十步远即是梭山，下门上阁统高9米，复道分行左右。

南阁为二层建筑，一层石砌，门洞为拱券结构，南北贯通；二层砖木结构，戏楼正对祠堂，三面围合，墙心填充土坯砖，外用麦秸泥抹面。

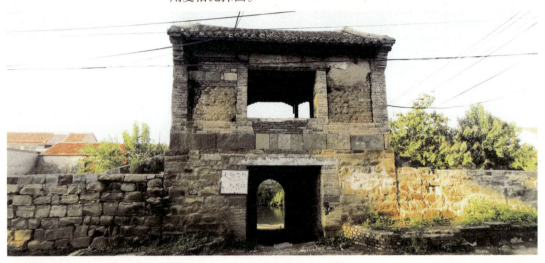

图4.14　梭庄村典型历史建筑——南阁，又称"横翠阁"（2021年摄）

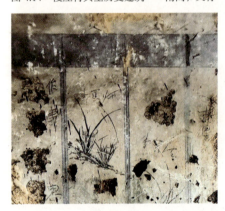

图4.15　南阁二层西侧墙面上的兰花图（2021年摄）

图4.16　南阁二层东侧墙面上的山水图（2021年摄）

图4.17　民居门楼墀头上的砖雕图案（2021年摄）

图4.18　君子堂祥云龙纹图案雀替（2021年摄）

图 4.19　南阁手绘图（李春绘）

文昌阁建于明嘉靖年间，位于梭庄大街西首，下门上楼。拱门正中有一石匾，上书"文昌阁"三个大字。拱门之上有阁楼一座，飞檐翘角，屋檐远伸，如巨伞覆盖于门上，气势不凡。庙房四山五间，庙房四周有行道，道外是半人多高的花墙，正中殿前有 6 平方米大小、一体烧制的花砖迎壁，乃是明成化末年临清官窑出品，朝廷恩赐梭庄。2018 年重修文昌阁，拆除了红砖瓦房和旧影壁，新建一面砖雕影壁。该影壁雕刻粗糙，已完全失去原花砖影壁的历史风貌。

图 4.20　文昌阁石砌券顶（2021 年摄）

图 4.21 文昌阁内壁上的清嘉庆年碑记，记载着文昌阁"四至"（2021 年摄）

图 4.22 文昌阁内壁上的清道光年碑记，惜碑面被水泥覆盖（2021 年摄）

图 4.23 文昌阁入口北侧的莲花纹样石雕（2021 年摄）

图 4.24 文昌阁入口南侧的莲花纹样石雕（2021 年摄）

图 4.25 文昌阁上的一方民国地契石刻（2021 年摄）

图 4.26 药王殿拱券门正面，券顶有双枝缠绕的图案（2021 年摄）

文昌阁拱洞内壁上嵌有两块碑记，一块是清道光年间的，一块是清嘉庆年间的，记载的都是确认文昌阁地基范围的内容。

药王殿位于文昌阁里大街路南，初建于明嘉靖十五年（1536），当时仅为一座普通小庙，到了万历四十年（1612）正式重建为现在规模。清乾隆十九年（1754），对上顶外貌作了维修。

药王殿目前仅存大殿一间，大殿东西长 8.5 米，南北宽 6.4 米，脊高 5 米，共 55 平方米。此建筑全为长 60 厘米至 80 厘米，宽、厚各 40 厘米的墩头石垒砌，屋顶结构是非常有特色的卷棚顶，这在庙宇中非常少见（卷棚顶一般多用于园林建筑）。屋顶筒瓦倒扣，灰浆填缝，历经 400 多年依然坚固。大殿的大门是拱形券门，券顶有双枝缠绕的图案。大门两侧立柱上有精美的浮雕图案，分别是降云龙图案和吉祥马图案。大殿的穹顶是光滑的石板结构，由石块挤压而成。

元音楼建于明万历年间，位于梭庄文昌阁

图 4.27　2019 年修缮后的药王殿（2021 年摄）

图 4.28　药王殿是较为典型的无梁殿建筑（2021 年摄）

外菩萨庙前左角，与西边三圣祠并列。虽然被称为"楼"，实是一亭。元音楼四柱、四梁、四角飞檐，中间尖顶，全石结构。这一宽仅一丈，高不过 5 米的建筑，最下端东、西、南、北各有一条方石卧地，作为四根立柱的础石，四角各有一根高 3 米、宽厚40 厘米的方石立柱，柱顶有四架方梁横架四面，亭子四角各有一条探出梁外的托条石，以 45° 斜坡从四角向中心聚拢，顶端中心有块 1 米见方的石板，既作亭楼的顶盖，又是聚拢四根条托的中心。条托上面，有雕工精美的梯形石板棚盖，顶石外形呈盆状，中间以一石球作顶。楼亭高、宽、方、圆协调一致，给人们以庄重大方的感觉。元音楼由底柱、立柱、横梁、托条、盖板、顶冠各部分的共 30 多块方、圆、梯、条等不同形状部件组合拼接而成，一环扣一环，卯榫紧对，严丝合缝，400 年来坚固如初。

图 4.29 四梁、四柱、四角飞檐，全石结构的元音楼（2021 年摄）

图 4.30 元音楼石雕匾额（2021 年摄）

4. 村落民俗生活与非遗传承

梭庄村自明末以来，每年过了正月二十，村内就开始紧锣密鼓地筹划二月二的四天大戏。首领们做的第一件事请戏班，其次是在戏场周围设置商贩摊位，虽不讲究收费，但一定要秩序井然。老百姓各家也有相应的筹备事项，如接亲、会友，备办吃食。春季面缺，精粮煎饼要提前摊好。正是青菜淡季，有钱也难买到青菜，有条件的村民就用几斤黄豆生上点豆芽，若来了外村看戏的亲朋，纯粮煎饼再配上炒黄豆芽就是上好的招待饭食。久之，黄豆芽与梭庄大戏就结下了不解之缘。300 多年的时间里，每年二月二的四天大戏（京剧）都会雷打不动地在大戏楼上演。戏楼坐南朝北，台前有宽广的场地，场中间有高三尺、宽二尺南北贯长的石墙一道，看戏时，男左女右，男女观众隔墙分席，此设制在附近村庄独一无二。广场北边，漂溪南岸，正对戏楼，每逢唱戏时均搭建有请菩萨、文昌、关公、药王看戏的座席。

梭庄二月二大戏，有几个事项特别引人注意：一是看戏时男女分开；二是看戏不忘请神灵，无论节庆还是平日，只要有好的东西都要先敬神，以表达虔诚敬神的心意；三是大戏楼不能唱民间"小戏"，娱乐时不忘礼教，"莫作闲看"的大匾很好地阐释了戏文的教化功能。这样独具特色的文化现象和梭庄李氏家族关系密切。作为乡村文化精英的士绅阶层是整个乡俗社会的组织和精神中心，他们一端连接政府，一端连接乡村，在乡俗社会里有着极大话语权。梭庄李氏作为官宦人家，自觉地遵守并维护官方意识形态，严格按照正统的礼仪来构建乡村秩序，形成了梭庄具有强烈精英意识的乡俗文化生态。

七月十五俗称中元节，也叫"鬼节"。七月时天气入秋，秋为肃杀之候，草木多此时开始凋零，人们也认为这个时候容易得疫病，因此七月古有"鬼月"之称，中元节也被称为"鬼节"。道、佛两家在这一天都有很多超度鬼魂的仪式，民间在这一天也是一年中重要的祭祖的日子。对梭庄人而言，中元节更是一个重要的不可忽视的节日。

在梭庄村，不同姓氏过中元节是有讲究的：村内李姓村民过七月十四，其他姓氏则过七月十五。除先后一天过节外，其他内容基本相同。节日当天中午，梭庄各家各户都会吃饺子过节，天傍黑时请老祖来家过十五，其仪式是两手举着点好的一把香，走出大门朝祖坟方向深鞠一躬，并默念"请老爷爷老奶奶回家过年"，然后回首进家，到上房老敬轴子（家谱的一种简易形式）前，将香插于香炉内，就地三叩首，这就算请回了老祖。门顶上再放上几棵刚从地里取来的即将收割的高粱、谷子、芝麻等，此为向老祖敬献五谷，意思是让先人看到丰收在望的庄稼，可减少对在世子孙的牵挂。天黑后摆上瓜果，下饺子上供，发完钱，送老祖返程：将老敬轴子前刚点着的三炷香放在一个盛满清水、放有小米的黑碗上，家人双手端着送出大门，送至街口，将碗放于墙边，连作三个揖，并口中念诵着："老爷爷、老奶奶一路走好！"连念三遍，算作礼成。

梭庄李氏选择七月十四过节，因为这一天是其家族德高望重的老三奶奶夏侯氏去世的日子。夏侯氏出身于耕读世家，娘家在县城东北夏侯庄。她十八岁过门后，尊长爱幼，上和下睦，婚后四年连生二子，不料丈夫急病亡故，当时长子三岁，次子一岁。她二十四岁开始孀居，上侍翁姑，下养孤儿，处事持家，众人称赞。正如族谱所载："以诗书课诸孤，皆名黉序，且持家有法，家族事业激大，亦始于此。后曾孙缙微具表陈情，奉旨旌表，建立节孝牌坊。"梭庄李氏后人对这位老奶奶尊崇有加，于是就把七月十五和老奶奶的忌日统一，选择在七月十四这天过"十五"。

梭庄村的扮玩由来已久，已成为村里的传统民俗活动，每年的初七、八到正月十五，村里的扮玩活动更能吸引大批本村及周围村的村民观看，特别是梭庄村的芯子以"单杆扛芯子"为主，很有特色。"扛芯子"是梭庄的一种集舞乐一体的杂技形式。据民间老艺人讲述，传说"扛芯子"是在清朝乾隆年间由傀儡戏（木偶戏）衍生而来，距今已有 270 多年的历史，并盛行至今。

20 世纪 60 年代，每年农历正月十五前后，人们为了驱逐

图 4.31　梭庄村特色"单杆扛芯子"民俗活动现场（二）（2021 年摄）

邪魔、祈求吉祥及来年的风调雨顺，就将扎好的男女儿童玩偶扮成神话传说中的神仙形象，在锣鼓声中，向寺庙或祠堂进发。到达目的地后，烧香、磕头、跪拜，然后扛着这些玩偶进行一定的表演。后来人们为了增加这种杂技的观赏性，就把肩上扛的玩偶换成了真的男女儿童。因此，这项艺术形式渐渐深受百姓的喜爱。

　　过去民间有"偷芯杆"的风俗。芯杆即抬芯子所用之木杆，多用鲜杨木或鲜榆木制作而成。若自己村里没有榆树或杨树，可去有榆树或杨树的邻村偷树来做成芯杆。玩"芯子"时，扮玩队伍先去丢树的邻村表演，这样丢树的村便知树被弄去做了芯杆，非但不怪罪，反而以此为荣，认为是吉祥之兆。因章丘素有打铁的传统，村民凭借这一优势，创新出了铁芯杆；又结合人体结构，打造出适合肩扛的铁架，相比木芯杆更安全、合理、实用。木芯杆也逐渐被铁芯杆取代。每次梭庄的扮玩队伍在走街串巷表演之前，都会先将铁芯架绑在一位青壮男子身上，外罩彩衣；再将幼童演员固定在铁支架上，装扮出各种角色。表演时，扛芯人随锣鼓节奏相互串花，演员在上面做出各种动作。因站于高处，表演者在扮玩队伍中最为显眼。出于安全考虑，无论"平抬""抬芯子""扛芯子"，抬者和扛者多是表演者的长辈或亲属，两边也有多位亲属或亲近者护卫。

　　在几百年的不断发展中，"玩芯子"这一扮玩形式也不断与时俱进，推陈出新，不仅增加了表演难度，也增强了观赏性和趣味性。

图 4.32　仍在使用的芯杆（2021年摄）

1. 地理环境与历史沿革

官庄街道位于济南市章丘区东南部，东邻淄博市，南靠莱芜市，西接双山街道和文祖街道。东矾硫村位于官庄街道东北部，与西矾硫村、东张家村等村庄相邻。

古时的东矾硫村，交通便利，经济发达。清初始设逢五排十大集，成为章丘区东南边陲财物集散地。现在的东矾硫村东西通衢济南市和淄博市，南达莱芜市。村北距 309 国道仅 1 千米，距胶济铁路和 102 省道仅 3 千米，西邻普雪公路，可谓四通八达。

坐落于泰沂山脉北麓龙脉山坡处的东矾硫村，三面环水，三山环抱，东和北为青阳河，南为季节大水沟。东邻宝山，绿色葱郁，秀美如画；南面对四季山，挺拔雄伟，当地居民常言："胡山高达不到四季半腰；四季山云罩，大雨就要到"；北为青龙山，气势威武。东矾硫村地势南高北低，山水相依，视野开阔，风景如画，不仅体现着中国传统"风水"文化，更是祖辈和后人繁衍生息的风水宝地。

明洪武初年，东矾硫村宫氏始祖宫思泽和李氏始祖携家眷自原系直隶正定府冀州枣强县迁到章丘县东锦乡东矾硫村，自此，

图 5.1　东矾硫村保护规划平面图

图 5.2　东矾硫村村落空间格局与历史风貌示意图

两姓家族和睦相处，繁衍生息，逐渐发展成两大家族。600 多年来，宫李两族耕读传家，出了很多文武才子。据史料记载，至清康熙年间，东矾硫村的宫氏家族在农耕积累基础上，开始开办店铺，经商发迹，传至宫氏第十二世，于清嘉庆元年（1796）创立了"五福堂"，经营商号设在沂水、蒙阴、周村、兖州、徐州、济南。清乾隆二十六年（1761），李氏开始经商，至清同治五年（1866），李氏在东矾硫村创立了"太和堂"，经营酒店、杂货铺、银号和当铺、药铺、赁货铺，显赫乡里达百年之久，成为章丘地区的著名老字号。

清朝末年和民国时期，东矾硫村经受了几十年战乱和匪劫之苦，民不聊生，经济几十年没有发展，仅以农业为主。

中华人民共和国成立后，特别是改革开放 40 多年来，东矾硫村先后成立了 10 多家民营小企业，社会经济有了长足发展。

2. 村落空间格局

东矾硫村传统建筑集中成片，大多数为传统硬山坡屋顶民居建筑。村落的传统街巷大多集中在村落西部，这一区域也是东矾硫村早期的村落基址，传统建筑分布比较集中。

图 5.3　纵贯南北的凤阳街（2017 年摄）　　　　图 5.4　东西横向的长兴街（2017 年摄）

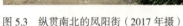

纵观整个村落，东西较长，道路街巷纵横交错，布局严整；新旧两区分离，使得旧区的传统风貌保留相对较为完整。古村落范围内的道路形成"一纵三横，四街十巷"的街巷格局，凤阳街纵贯南北，东西横向的顺平街、长兴街、永安街和富春街四街是村内主要通行干道，大量村落传统建筑集中分布在这些街道两侧，如宫氏祠堂、宫氏五福堂、保和堂、保和堂酒店以及大量古门楼、拴马桩等古建筑构件。十几条南北向小巷分列街道两侧，纵横交错，犹若网状，将村落分割成多个大小不等的区域，构成东矾硫村最基本的村落空间格局。不仅如此，东矾硫村街巷取名也极有特色，如信字巷、修字巷、睦字巷等名称富含寓意，体现了东矾硫村人行孔孟之礼、走中庸之道、倡和谐之风的渊源。

历史悠久的东矾硫村，世代以耕种农田为生，依山傍水的地理环境，使这山间小村散发着古朴、静谧、秀美的气韵。东矾硫村南有季节性大水沟——南沟，是一处景色秀丽的自然景观。南沟绕村西而过，旱季时水量不大，雨季时用于排水。南沟两侧种植着许多当地树木，绿意盎然，与周围大片绿色浓浓的农田交相映衬，让人心旷神怡，流连忘返。在村庄正南侧有一座石桥横跨南沟，据悉，石桥修建于 20 世纪 70 年代，所用石料为"文革"时期拆掉的古墓中的石材，在这些石材上留有精美雕刻，极具观赏价值。

3. 村落典型建筑

　　东矾硫村内遍布众多传统建筑，现存并保留较好的明清时期的四合院有 18 处，还有始建于明朝的观音庙和宫氏祠堂。那些砌在墙上的拴马桩、设于门前的上马石、门楼檐下镶嵌的精美垂花透雕，依然清晰可见，它们的存在见证了古东矾硫村的历史文化和沧桑岁月，诉说着曾经的繁荣与兴旺。

　　古时东矾硫村商业经济较为发达，自明朝宫、李两姓落户东矾硫村后，两家竞相发展，至清朝中期，宫氏创立了"五福堂"，并经商至徐州、兖州一带；李氏则创立"太和堂"，后来逐渐发展成为章丘老字号。因宫、李两氏均经营有方，"两堂"曾显赫乡里达百年之久，而宫、李两个家族的传统庄园连片，气势恢宏。为此，该村逢五排十为大集，成为方圆几十里商贸往来和文化交融的中心，村民曾自豪地称："南方小苏州，不如东矾硫。"

　　东矾硫村传统建筑数量较多，且历史久远。村落重点历史建筑有：

　　李芳彩故居位于东矾硫村古建筑群南侧，为李芳彩和长子李淑位所建。此院大门北开，进大门有装饰精细的福壁门和青石镶边的影壁墙。

图 5.5　东矾硫村历史要素现状分布图

图 5.6 改为平房的李芳彩故居西楼（2017 年摄）

图 5.7 宫氏祠堂的进门
影壁墙（2017 年摄）

主院为四合院，西为主厅房三间，紧挨厅房南侧有两间耳房，当年李芳彩便住此处。耳房南侧为楼房，称为李氏西楼。此楼三间，上下两层，全部为细凿青石砌成，挺拔高大，底层净高 4.5 米，整栋楼高约 12 米。木制楼梯，面铺木板。顶面小瓦，饰有吻兽，为东矾硫村古建筑群中最高建筑。"文革"期间，西楼二层拆除，改为平房，现厅房、耳房、厢房和影壁已拆除，但石料俱在。

　　宫氏祠堂位于村落古建筑群中心位置，创建于清乾隆五十三年（1788），由宫氏第十二世宫宗朱组织建造。祠堂后经多次维修，最后一次修葺为民国初年。祠堂内原有"文运图腾""五元相生"和"八方进宝"等吉祥图案，门额匾为"敬爱堂"，并在正房门口两旁植柏树两棵。宫氏祠堂分东西两院，大门西开，为西南门，主院为四合院。进门有一长 10 米、宽 2 米的廊道，左侧有耳房。进入东院，主房坐北朝南，紧挨主房西侧有一大开间的二层小楼。在主房屋脊中央，原有宝鼎端立，两旁二龙相视，两屋梢原有形态各异的鸟、兽、仙人等饰物，以示吉祥。祠堂有 1 米高的墙基，系细凿青石方块砌成，上墙为青砖石灰膏砌，顶为灰瓦仰合瓦铺装。现四合院俱在，房顶已改造，大门和二层小

图 5.8　保留传统建筑结构及格局的武秀才故居（2017 年摄）

图 5.9　太和堂青砖结构的大门（2017年摄）

楼依旧坚固屹立。

武秀才故居曾是宫氏武秀才居住的地方。门楼入口处有两块50 千克练功用的石头，院内保留传统结构及格局。建筑立面方石当基底，乱石垒墙，外侧抹土灰或白石灰，青砖框边。屋顶部分保留灰瓦覆顶，部分换为红瓦。侧脊基本保存完好，为特殊的罗汉屋脊，两侧灰瓦框边装饰，灰瓦当勾头，房檐底部墀头为方砖。

李氏太和堂当铺的门楼为青砖挑檐，底部大方石为基石，腰线以上为青砖垒砌到墀头底部，屋脊青石雕刻精细，入口有两层方石台阶，中间铺长石斜坡，一直延至院内二门口。门楼内侧为木架结构，两侧有精美精细木雕，有木雕滴水瓦当装饰。院内墙体青石与青砖结合垒砌，基本保留完好，部分房屋顶部保留灰瓦，还有一部分顶部翻盖为红瓦。

李氏保和堂的院落格局为二进院，大门及二门的样式与其他门楼不同，除了门楼屋脊都是透风屋脊，两侧微微翘起，以及垂

图 5.10　保和堂旧址（2017 年摄）

图 5.11　保和堂内部院落（2017 年摄）

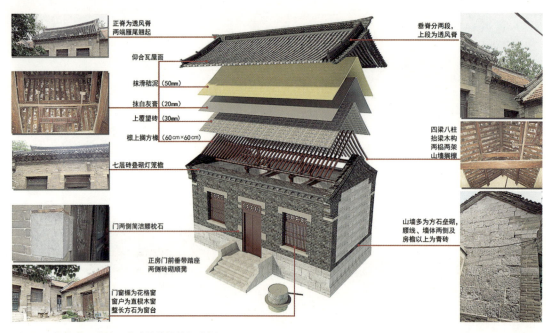

正脊为透风脊
两端雁尾翘起

仰合瓦屋面

抹滑秸泥（50mm）

抹白灰膏（20mm）

上覆望砖（30mm）

檩上搁方椽（60cm×60cm）

七层砖叠砌灯笼檐

门两侧简洁腰枕石

正房门前垂带踏座
两侧砖砌顺凳

门窗楣为花格窗
窗户为直棂木窗
整长方石为窗台

垂脊分两段，
上段为透风脊

四梁八柱
抬梁木构
两榀两架
山墙搁撺

山墙多为方石垒砌，
腰线、墙体两侧及
房檐以上为青砖

图 5.12　保和堂四合院正房建筑传统特征分析

图 5.13　保和堂四合院修复复原效果图

图 5.14　大门上的墀头装饰（2017 年摄）　图 5.15　保和堂大门两侧的龟背砖刻　图 5.16　保和堂大门两侧的卡门石
（2017 年摄）　　　　　　（2017 年摄）

脊分两段外，在门楼的结构上还体现出一些不同的特点：外侧为木门，内部木梁架结构清晰可见。影壁墙顶部有灰瓦垒叠雕饰，内面为菱形砖铺设，现被植物遮掩。二进门有精细打磨的条石抬檐，造型大气，结构结实。院落内整体保存良好。正房坐西朝东，为传统的硬山式屋顶，正脊为灰瓦垒叠透风屋脊，两侧微微翘起，垂脊为两段式。墙体基底为精细打磨的方石，腰线以上青砖垒砌。木窗为木栅格窗，窗楣及门楣有花式造型。墀头有简单石雕。正房为四梁八柱木结构，两榀两架抬梁式木构，山墙搁檩。两侧附属建筑分别为厨房和耳房。

宫氏"五福堂"之尊厚堂是宫宗朱四子宫圣悦所建宅院。据史料记载，至清康熙年间，东矾硫村的宫氏家族在农耕积累基础上，开始开办店铺，经商发迹，传至宫氏第十二世宫宗朱于清嘉庆元年（1796）创立了"五福堂"，经营商号设在沂水、蒙阴、周村、兖州、徐州、济南。五个儿子分别建了永兴堂（老大宫圣传）、致远堂（老二宫圣论）、崇德堂（老三宫圣奎）、尊厚堂（老四宫圣悦）及敬爱堂（老五宫圣锦）五个院落。

尊厚堂由两个院子组成，为少有的一门二院格局。沿街大门顶部结构讲究，顶部正脊及侧脊均保留原貌，为灰瓦拼花透风屋脊。进入大门，左拐有一青砖垒砌间式便门，两侧挂方石作为装饰。正房山墙有方石拼砌的窗沿，内置木方格窗。院内建筑均有简洁石质墀头装饰，部分建筑保留灰瓦覆顶，部分翻盖为红瓦。

立面墙体为方石与青砖结合垒砌，结构结实，基本保留原貌。

太和堂酒店建有方石与青砖结合砌成的高大门楼，入口有精美青砖雕刻影壁装饰，顶部有精细石雕，雕刻吉祥纹样，两侧青石板高高翘起，影壁内部为方砖菱形铺贴。二进院入口为八边形方石垒砌门洞，院内保留传统建筑面貌，灰瓦覆顶，正脊的灰瓦叠压垒砌原貌依然可见，垂脊为两段式，墀头为方石简洁装饰。整体院落保留原貌。

宫氏"五福堂"之致远堂为宫氏"五福堂"之二子所建宅院。该院为二进院，沿街门楼建筑讲究，传统结构及灰瓦材料保存较好，基本为原貌，门楼顶部两侧飞檐翘脊，垂脊分两段式。二进便门也建造讲究，规格极高，保留木门及门槛结构，院内有一口古井，当年用于储存水源，现为地窖，用于储藏。院内有鹅卵石拼花铺地，现院落空置。

观音庙位于东矾硫村西门内，是一座明代建筑。观音庙以砂石大块垒砌，青石围栏，殿前檐下有四根雕龙砂石石柱，顶部雕龙画栋，飞檐斗栱，透风屋脊，脊有吉祥鸟、兽（如天马、麒麟、

图 5.17　村中青石山墙上的青砖座山影壁（2017 年摄）

图 5.18　四合院西南角（2017 年摄）

图 5.19　山墙上的拱形开窗（2017 年摄）

图 5.20   山墙上的圆形开窗也是东矾硫村民居特色之一（2017 年摄）

图 5.21   沿街墙面上的拴马石（2017 年摄）

图 5.22   村中随处可见卵石铺就的路面（2017 年摄）

雄狮等）、仙人等饰物，蔚为壮观。墀头雕刻精美石雕，山墙开
有石砌圆窗，具有鲜明的明代建筑特点。庙房现已被损毁，只剩
部分墙体和基础残存，印证着曾经存在的过往。

　　在东矶硫村内，除整体传统建筑院落外，还遗留很多历史构筑
物，如石碾、石磨、古井、石雕、石桥、宫氏祖碑、拴马石、古地
道、圩子墙、照壁、福壁门、传统门楼等。经过百年岁月的洗礼，
这些最能体现东矶硫村传统特色和典型特征的历史构筑物被赋予了
生命，随时向世人展示曾经的岁月。穿行在村子里的大街小巷，伸
手触摸这些雕刻精美、工艺讲究的石雕，古朴大方的门楼和被井绳
磨出道道透亮深痕的古井，以及嵌于墙壁之内的拴马石和承载着整
个家族深厚情感的宫氏祖碑，似乎能够感受到曾经的历史温度。

图 5.23　屋顶替换红瓦的传统大门正面（2017 年摄）

图 5.24　东矾硫村曾建有石圩墙，后大部分被拆除，仅在村南残存部分圩子墙（2017 年摄）

4. 村落民俗与非遗传承

自明末清初，东矾硫村形成了一年一度的扮玩民俗文化活动。

为了增加扮玩的精彩度，加强娱乐性，东矾硫村人还自创了"九龙翻身"大鼓的打法，因此，在扮玩活动中尤以"九龙翻身"大鼓和芯子、高跷队表演最为有名、好看。至清朝中期（嘉庆道光年间）宫氏"五福堂"和李氏"太和堂"创立后，东矾硫村的扮玩活动和大鼓、芯子、高跷表演达到了鼎盛。

1983年改革开放初期，随着家庭联产承包责任制的推行，人们生活水平逐渐提高。被搁置多年的扮玩，也被有此爱好的村民重新组织起来，一直延续至今。

在娱乐之外，东矾硫村人勤奋劳作。在农田种植基础上，积极发展手工业生产，如造酒、制醋、榨油、纺线、纤布、织布等。这些古老的手工艺技能不仅代表农耕时代的生活方式，更是古村传统文化不可分割的重要组成部分。

纺线织布是人类进入文明社会实现自给自足的重要生活方式。东矾硫村人几百年来代代传承，纺线织布成了女性持家立业的看家本领，家家户户都有纺车，少者一台，多者几台。女性从少女时代起，便由母亲或祖母认真教其技术，不仅要求纺得快，而且要求纺线均匀、细致。因白天要下地干活，纺线一般都在阴雨天或夜晚进行。成年女性在说媒定亲时，也总把纺线织布技能作为能否婚配的重要内容，女性成年后，纺线便成了其专职工作。

等到纺线积累到一定数量便进入纤布阶段，这是一项非常认真细致的工作。20世纪50年代之前，东矾硫村有宫岱秋、赵丽兰、于爱忠、老张忠远等几位专业纤布人。纤布人将纬线用特制的线辊定位，然后将纬线上浆（用面糊制成），再一段段、一节节用特别的3种粗细不同的马兰草根刷子将浆线刷开、晾晒，而后再卷轴。进入21世纪后，纤布用线大多不再靠人工手纺，而是从市场直接购置。

织布是目前东矾硫村传承最普遍的手艺。全村仍有50多架木制织机，而且长年不闲，全村女性30岁以上者都会织布。以前所织大多为白布，而后再行染制，如今人们可以根据自己的意愿采购各色棉线，织出的粗布花色品种样样齐全。

榨油在东矾硫村起源于清乾隆年间，宫氏"五福堂"和李氏"太和堂"创立榨油作坊，不仅能满足村民日常生活使用，而且在逢五排十大集上和日常店铺中均设摊铺销售，周边几十里的村民纷纷前来加工或换取。至今村内传承有三家榨油坊，规模虽然不大，但基本能满足本村和周边群众的需要。

图 5.25　整齐的青石墙体立面（2017 年摄）

图 5.26　村内不少宅院已经荒废，现仅残存墙体，仍可看出当年的规模（2017 年摄）

陆

石子口村：

齐长城脚下的石头村落

1.地理环境与历史沿革

　　石子口村位于济南市章丘区南端的文祖街道办事处南部,隔齐长城遗址与莱芜区搭界,坐落在锦阳关西,齐长城遗址保存得最为完好的桃花峪段就位于该村庄范围内。村庄距 242 省道线 1 千米,济莱高速从村东穿过,开车仅一个小时即可直达济南市区,交通便利。

　　石子口村三面环山。南凤坡山位于村庄南面,山形犹如蛤蜊状,山上植被茂盛,风景秀美。深秋时节,山上的黄栌红叶似火,与郁郁葱葱的翠柏相辅相成,宛如一幅浓墨重彩的油画。南凤坡之南的山为南岭,绵延起伏。村北是北大顶子山,村西是围子山。围子山上有一处古山寨,是过去村民避难之所。围子山向西是长拔岭山,山上有两处洞穴:一处叫仙人洞,仙人洞洞深且开阔,可容纳百余人;另一处叫老虎洞,洞深 60 余米。抗战时期,这两个洞穴因深藏于山谷中不易被发现,也成了村民的避难场所。据村民介绍,村内有"十沟二十面坡"的说法,形象地说明了村内山多、山沟也多的地形特征。

　　相传石子口村早在春秋战国时期就有人居住,村东有先人碾米处等生活痕迹。石子口村也是兵家必争之地,据传村名就来源

图 6.1　石子口村文化遗产与自然景观分布图

图 6.2　石子口村村落空间格局与历史风貌分布图

于齐楚之争：楚国在南方先后消灭鲁、莒等国，便开始策划灭齐，准备偷袭大寨兵营、拔掉烽火台据点。为达到这一目的，楚兵选了一个漆黑之夜，悄悄翻越长城，从东面狭沟向古山寨攀登。爬至山半腰时遇一石墙，士兵抠石而上，突然石墙松动，满坡乱石翻滚而泻，楚兵多人葬身于乱石之中，大败。原来，齐国在东面山口布好了"石子口"阵，堆石成阵，村庄因此得名"石子口"。清乾隆十一年（1746），王姓从明水镇砚池庄、毕姓从莱芜下游村迁此居住；道光二十九年（1849）孙、李两姓又迁入居住。此后，四姓人家在此繁衍生息至今。

图 6.3　石子口村内植被众多，野生枸杞、酸枣等随处可见（2019 年摄）

石子口村坐落在青石山上，石灰石资源丰富，储量大且含钙高，但为保护生态环境，并未开采。村域内植被茂密，绿树成荫，森林覆盖率达 80% 以上，宛若天然氧吧。农民收入以林业为主，农业为辅。近几年，在政府引导扶持下，退耕还果，漫山遍野栽种果树。2011 年成立了章丘区齐长城农产品合作社。村里的特产有樱桃、杏、薄皮核桃、大红袍花椒、青石山小米等，其中尤以大红袍花椒树栽种得最多。

2.村落空间格局

村庄依山而建，呈阶梯状布局。村子最南侧有一条主路叫民心路，东接明莱路，由东至西贯穿全村，是村内与外界相通的主干道，全长 2000 余米。该路于 2004 年由村民集资修建而成，并立有《修路碑记》一通，以示纪念。村内还有两条东西走向的次干道，分别称为前街和后街。靠近民心路的是前街，靠近山体的为后街，后街是村庄最里侧的一条次干道，也是上山之路。其余数十条小巷与主次干道相交，构成了整个村庄的交通体系。

村中民心路和前街、后街在 2014 年均已进行了水泥硬化，但是村民院落入户巷道大多数仍为石板路或石台阶，有的石台阶长达二三十米。

图 6.4　石子口村历史环境要素分布图

图6.5　村内很多民居房屋仍保留着山草房顶（2019年摄）

　　石子口村拥有较多人文景观，其中桃花峪便是其中比较有名的一处。桃花峪位于锦阳关西，齐长城遗址保存得最完整的一段就在此处。据说当时的守卫士兵在沟内广植桃树，到桃花盛开之时，满峪粉红。据年长者说，古桃树巨大，能从树上行走。各条沟内树木参天，沟沟有泉。阳沟泉位于岭后的半山腰，先人们砌暗沟（老百

图6.6　地势高的院落入户石板路近10米长（2019年摄）

图6.7　村内分布很多石台阶铺设的小巷（2019年摄）

姓称之为阳沟）引流至山下而得名。簸箕泉位于齐长城所经过的桃花峪内，据说是守卫齐长城的将士发现的。由于泉水的出口像簸箕一样而得名。石子口村还有西沟泉、冯家沟泉、急泉、马家沟泉、老泉，其中，西沟泉和老泉被列入济南市名泉名录。

3.村落典型历史建筑

石子口村内 80% 以上的民居为山区典型的石头房建筑，传统民居建筑主要集中在前街和后街之间，以清末和民国时期的居多。村内绝大部分院落是三合院或四合院式，四合院布局规整，正房、东西厢房和倒座一应俱全，门楼一般与倒座相连，进门处有影壁墙。院内正房一般为面阔三间，很多讲究的人家会在正房两侧又各建一间耳房，耳房低于正房，形成中间高两边低的"二郎担山"的建筑样式。依地势变化，村内院落布局比较自由、紧凑，正房依地势而建，有的坐北朝南，有的坐西朝东。房屋全部为石块砌筑，硬山草房顶。为防止屋檐山草腐烂过快，檐口处置石板防雨。与鲁中山区其他民居建筑不同的是，石子口村的屋顶两侧垂脊用石块层层叠砌而成，形成台阶形状，当地村民将这样的垂脊称为"迎峰山"，一是用来承重屋内木梁架，二是用于房屋排水。

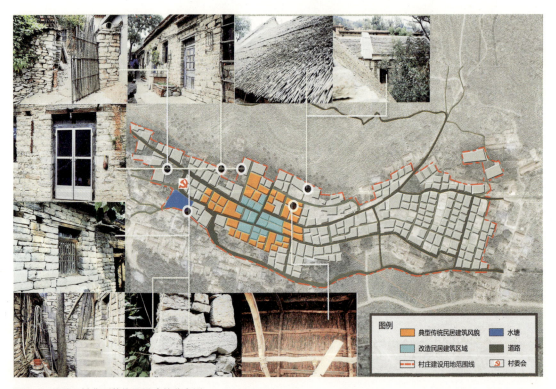

图 6.8　石子口村典型传统民居建筑分布图

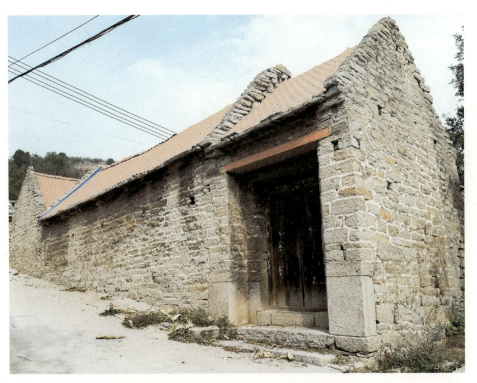

图 6.9　全石结构的民居院落，封闭性较强，墙体用石灰勾缝（2019 年摄）

　　村内民居大门形式多样，富裕人家的大门多建成屋宇式大门，门前装饰有门枕、腰枕、悬枕等，两侧墀头有雕刻精细的石雕图案，大门颇显高大气派；有的两旁用石头垒砌，顶部用石板搭建，即成院门，有的仅为柴门；与大门相对处一般都建有影壁墙，或为座山影壁，或为独立的一字影壁。受地势所限，石子口村的影

图 6.10　立于大门前的影壁墙，上面刻有"福"字图案（2019年摄）

图 6.11　受院落地形影响，村内很多影壁墙立于大门之外（2019 年摄）

图 6.12　沿街地势较高处的院落只建有正房和两侧耳房（2019 年摄）

壁墙大多建于大门之外，由自然石垒筑，较好地遮挡住院内空间；讲究的人家还会在壁身中间刻上装饰性的吉祥文字或图案，增加美感。

图 6.13　依地势而建的全石头民居院落（2019 年摄）

图 6.14　坍塌的屋顶结构，"迎逢山"式垂脊（2019 年摄）

图 6.15　村民用铁条将檩条与梁架固定（2019 年摄）

图 6.16　茅草屋顶和台阶式"迎峰山"垂脊，是村内民居建筑特色（2019 年摄）

　　村内石井、石板路、石台阶、土地庙等众多历史环境要素保存至今，见证着村庄的历史。除此之外，村庄还有遗留的人文景观：齐长城遗址和古山寨。齐长城遗址位于石子口村东南面山脊之上，始建于春秋时代，齐宣王时完工；毁于秦，复修于明、清；共有 190 个雉堞（垛口），城墙高 6—8 米，底宽 4—6 米。站在锦阳关阁楼向西瞭望，齐长城蜿蜒起伏、绕岭盘山。

　　从锦阳关西城墙岭顶端沿着齐长城遗址北行 600 余米，便是战国时期遗留下来的防御性建筑——古山寨。从远处看，山寨就像一个位于山头之上的圆形石围子。山寨两边紧靠悬崖峭壁，一面有出口，外墙高 5 米有余，内墙高 3 米，寨墙墙顶两米多宽，可供人任意行走。站在寨墙上向外望去，南面锦阳关、东城门、要塞城墙一览无余，北面各烽火台尽收眼底。山寨西南方向有一

图 6.17　改造后的民宿用二十四节气命名

图 6.18　地势高的院落前会建有多层石台阶作为入户通道（2019 年摄）

图 6.19　为增加房屋采光性，屋顶改用了玻璃开窗（2019 年摄）

图 6.20　传统民居被改造后的内部实景（2019 年摄）

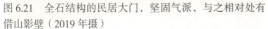

图 6.21　全石结构的民居大门，坚固气派，与之相对处有借山影壁（2019 年摄）

图 6.22　普通人家的院门，简洁质朴（2019 年摄）

个高 1.2 米的小石门，门前为宽不足一米的出口，出口外为山寨大门。从建筑形式看，即使敌人攻进山寨大门，也难进入寨内。因石门只容一人进出，且弯腰才能通过，能够很好地起到御敌作用。古山寨内径 50 多米，能容三五百名将士居住。

　　按地理位置分析，石子口村古山寨的屯兵主要是警戒和轮换长城值班的哨兵，发现敌情后立即点燃烽火，东北方向 2 里多路的大寨兵营的将士便会发兵锦阳关迎敌。

图 6.23　村内遗留的百年古井（2019 年摄）

图 6.24　用来储水的水窖。石子口村属鲁中山区，干旱缺水，如今家家户户已通上自来水管（2019 年摄）

4. 村落民俗与非遗传承

　　村内水资源匮乏，多年前，村内喝水问题都还没有解决，村民日常生活中都是喝掺有黄泥的水，即便经过过滤、蒸馏，仍十分涩口。村内有很多储存水的水窖，只有在雨季的时候，水窖内才有水。因山上的水不易储存，只能有三四天的用量，之后村民只好继续喝带有黄泥的水。为解决村民吃水问题，在村东入口处打一水井，并立打井碑刻一通。自此家家户户通上了自来水管，山上还修了蓄水池。水井全年有水，水质良好。现在家家都有自来水，按小时收费。水都来自村口的一处深井，集中供水，水泵将井水直接抽上来，输送到每家每户。村内还保留有大量用于磨

图 6.25　每逢家中房屋翻修，周围乡亲都会赶来帮忙（2019 年摄）

图 6.26　铺设屋顶的苇箔，用晒干后的高粱秆编成（2019 年摄）

图 6.27　普通人家的柴门（2019 年摄）

面的石磨石碾等生活农具，现在仍在使用。

　　因山区缺水少雨，土壤贫瘠，无支柱型产业，村民主要种植花椒树、山楂树、核桃树等一些经济作物，作为主要收入来源。村民生活简朴，经济较为拮据，却也能在清苦中知足常乐，自寻得生活趣味。村民常常会在房前屋后或田间地头辟出一块菜园，种植一些南瓜、白菜、大葱、桃子等蔬菜瓜果日常吃食。用村民的话说，即使十天半月不出村，也能自给自足，填饱肚子。每到做饭时，随手在房前屋后的菜园里摘一把青菜，拔一棵小葱，再用自家种的南瓜和小米煮一锅南瓜小米粥，配上自家用发酵的面曲做成的馒头，一顿健康美味的饭菜也就有了。

　　村里历来有唱戏的传统，据村民介绍，过去有村民自发组成的十几人的戏班子，主唱之人有四到五名，分别唱生、旦、净、末、丑等角色，其余则是拉二胡、敲锣、打鼓、吹笛的等。戏班主要演唱河北梆子，唱腔明朗、刚劲、委婉、清脆，以表演《大

图 6.28　村民用来养鸡的鸡窝，建造也很讲究（2019 年摄）

图 6.29　村民家仍在使用的石碾（2019 年摄）

图 6.30　形制规整的四合院，全石结构，已有上百年历史（2019 年摄）

登殿》《打金枝》等喜闻乐见、受村民欢迎的传统曲目为主。只是老一辈的戏班子成员现在都已过世，如今的戏班成员也是在跟上一辈学戏后自发组建而成，最大者 76 岁，最小者 62 岁。每逢春节，村里戏班都会在村西部的广场上进行演出。

村内民居过去主要是用山上的黄草或收成后晒干的谷秸秆覆盖房顶。由于山草容易腐烂，屋顶每隔一二十年就要进行一次覆草加固，加之现在的山草采收不易和山草覆顶的传统建造技艺已近失传，所以现在村民翻修屋顶时已改用苇箔和红瓦。在保持木

图 6.31　石子口村内随处可见石槽等老物件摆设（2019 年摄）

梁架结构不变的前提下，在檩条上方铺设苇箔，然后用黄泥和麦秸秆混合成的麦秸草泥在苇箔上面涂抹厚厚的一层，使铺设的苇箔和麦秸草泥黏合在一起，既固定住了苇箔，又增加了房顶的厚度和坚固性。抹上麦秸草泥后就即刻把红瓦由下而上叠压覆盖上去，上层瓦叠压在下层瓦的五分之一处，再用钢条将每排红瓦轻轻推齐，使每排瓦整齐划一，屋顶即成。翻修屋顶时，都是采用村民互帮互助的形式，三五人即可，也没有报酬，每天完工后，主家可留帮工的人吃饭，或送其两盒香烟，象征性地表示一下感谢。这种互帮互助的淳朴民风，一直被村民们世代传承。

图 6.32　曲径幽深的石板路，两侧民居已被改造成民宿（2019 年摄）

北王庄村：

章丘红色小延安

1. 地理环境与历史沿革

北王庄村又名北王古村、北王庄村、北王庄、北王村等，位于济南市章丘区官庄街道办事处最南端，与莱芜区交界，西距济南主城区约78千米，距章丘明水城区约36千米。该村南邻齐长城黄石关，西靠垛篓山，嬴汶河自北向南沿村而过，对其形成环抱之势。

北王庄村历史悠久，据《章丘市地名志》记载，该村村名来历有二：其一，据碑记载，二百年前，村南黄石关（齐长城之关隘，今已不存）南北各有一户王姓人家，于是在关北的村子就名"北王庄"，属章丘；在关南的就名"南王庄"，属莱芜；其二，该村原名"河南"，村北另有一村名"河北"，后来"河北"搬迁，"河南"村名失去对称，又因与莱芜区茶业口镇的南王庄遥对，于是就改村名为"北王庄"。

不管村名究竟因何而来，这个隐藏在群山环抱之中的小山村最早应起源于春秋战国时期，当时在此驻扎着齐长城黄石关口守卫士兵。现村南仍有齐长城和黄石关遗址。

图 7.1　旧县志中记载的北王庄村　　图 7.2　北王庄村卫星全貌图

图 7.3　村域文化遗产与自然景观分布

2. 村落空间格局

　　北王庄村是一个沿着峡谷和河道呈南北方向发展的传统聚落，紧挨村东部嬴汶河而建，南高北低，西高东低。整个村落分为南北两部分，传统民居集中分布于整个村北部的中央，占村落的 5%，具有特色的红色建筑"章丘县抗日民主政府旧址"便在其中。其他房屋大都是 20 世纪七八十年代新建的，村南多为 20 世纪 90 年代新盖的房屋。

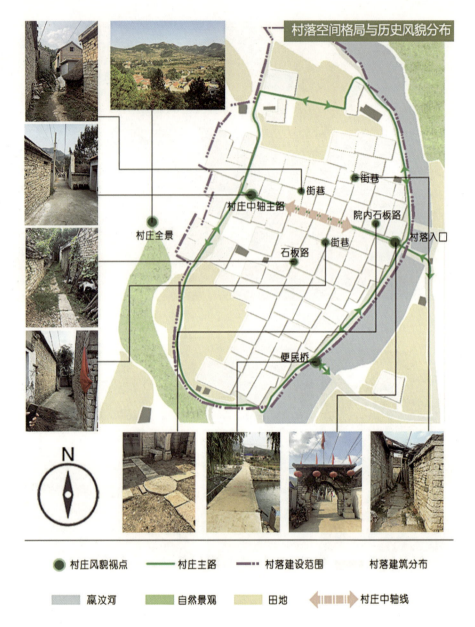

图 7.4　村落空间格局与历史风貌分布

　　村庄的主街道是沿着嬴汶河河边的一条水泥硬化路，该路是村庄与外界相连的主要道路。村内还有南北方向的四条次干道，其中一条为土路，位于村西处；其余三条为水泥路，贯通南北。数十条小巷呈东西向分布于主次干道两侧，整个村落的道路呈网格状规整分布。

　　北王庄村南部附近有著名的齐长城黄石关。黄石关位于章丘与莱芜边界东段，东有辟林尖山，西有俊林山。关口设在峡谷中，谷内有一溪，自北向南流入莱芜境内的雪野水库。黄石关所在的

图 7.5　石墙体、草屋顶、石板挑檐、石框木格棂窗，是北王庄村民居建筑的典型结构（2018 年摄）

道路现为章丘通往莱芜的东路要道。黄石关与青石关、锦阳关均是齐国和鲁国通关的重要关口。关口两侧的城墙现有部分残存，均为石灰岩片干垒，残高 1—3 米不等，宽 0.8—1.5 米，埋在地下的部分不详。"东山头团城"南北长 30 米，东西阔 10 米，墙

图 7.6　紧挨主屋建的小偏房用碎石块砌筑墙体，茅草屋顶，石板挑檐，竹条门（2018 年摄）

图 7.7　全石门楼（2018 年摄）

图 7.8　村庄掩映在青山苍柏间（2018 年摄）

图 7.9　全石质墀头分上、中、下三部分（2018 年摄）　　图 7.10　墀头上的石雕图案（2018 年摄）　　图 7.11　墀头造型简洁（2018 年摄）

图 7.12　木门上方的木雕（2018 年摄）

高 1.5 米 –1.8 米，宽 0.6 米 –0.9 米，西墙南端有 1 米宽的出口一个；"西山头团城"绕山顶而建，南北长约 100 米，东西阔 30 米，墙高 1 米 –1.8 米，宽 1 米左右。东墙北侧有 1 米宽的出口，呈台阶状拾级而下。远望两山夹一谷，气势磅礴，当为齐长城之重关。

图 7.13　村内传统民居的屋顶结构，木檩条直接架于两侧山墙之上（2018 年摄）

图 7.14　草屋顶年久失修，很多房屋屋顶已坍塌（2018 年摄）

3. 村落典型历史建筑

北王庄古村的民居形式可以用"石墙基、石墙身、木架梁、草屋顶"来概括，构造简单，却极具美感，是当地古朴自然的整体风貌和建筑地域特色的充分体现。村北保留了大量的传统民居，大体分中片和东片，约 0.3 平方千米。相比章丘其他山区石头房

图 7.15　民居之间的巷道相对比较开阔（2018 年摄）

图 7.16　进村石廊，拱形石门，平顶，门前有一对石狮（2018 年摄）

图 7.17　嬴汶河自北向南沿村而过，对其形成环抱之势（2018 年摄）

建筑而言，北王庄村的民居建筑有自己的特色。村内民居建筑绝大部分为三合院或四合院式，院落空间较为紧凑，用青石块或碎石砌筑成房屋墙体，作为主要承重墙，房屋内顶在石质山墙上置抬梁式木构架，上方置多根檩条，上面铺设苇箔，再用麦秸草泥抹面，用厚厚的茅草覆顶。檐口处置石板并出挑，这样可以对檐口处的草箔起到保护作用，又可以防风防雨。有的在山墙上开窗，镶木格棂窗。由于墙体厚实，屋顶为茅草，房屋便有了冬暖夏凉之益处。房屋多为双坡硬山草屋顶，两侧山墙高出屋面，屋面两坡相交处不做大脊，由瓦垄直接卷过屋面，形成弧形的曲面。这种双坡硬山草屋顶与青石墙体相搭配，使房屋于硬朗之中又兼具一种独有的阴柔之美。村中院落门楼虽无过多装饰，但建造讲究，采用当地山石砌成，厚重坚实。门楼两侧有石雕墀头，上刻简洁的花纹图案。有的木门上方镶嵌有木质雕花挂罩。沿街墙面设有拴马桩及喂马槽。现在村内的许多石屋已无人居住，有的房顶已经塌陷，有的被翻修成了机制红瓦屋面。

村中的典型传统建筑有石廊、中共章丘县第一届县址、章丘县抗日民主政府旧址、章丘抗日政府后勤部旧址、章丘抗日武工队旧址等。

北王庄村石廊即村门，位于村落入口处。该石廊始建于清道

光年间，拱形门、平顶，由青石砌造而成。门前有两个石狮子，栩栩如生，威武生猛。石廊高约 3.71 米、宽约 4.44 米，拱形门洞宽 1.87 米。石廊上挂满了古村所获得的各种荣誉牌匾。

中共章丘县第一届县委旧址、章丘县抗日民主政府旧址皆是四合院，位于村北一条东西向街道上。据介绍，1939 年 11 月，受泰安地委委派，亓仲文、薛玉等 6 人在这里秘密组建了中共章丘第一届县委、章丘县抗日民主政府。旧址延续了村内建筑样式，正门在此基础上采用了如意门的形式，整体敦厚朴实，墀头为正门的唯一装饰。正对大门有一块影壁。

章丘抗日武工队旧址、章丘抗日政府后勤部旧址也位于村北东西向街上，也都是四合院式建筑，大门为木石结构，卷棚硬山屋顶，浮雕挑尺，镂空横匾。正对大门的影壁雕刻细腻，图案精

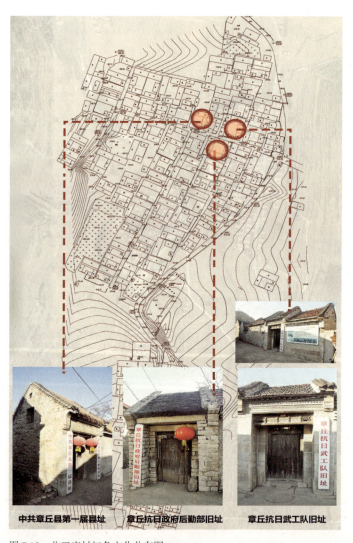

中共章丘县第一届县址　　章丘抗日政府后勤部旧址　　章丘抗日武工队旧址

图 7.18　北王庄村红色文化分布图

图 7.19 当时"章丘抗日政府后勤部"建造有　　图 7.20 村内保存较好的"章丘县抗日民主政府旧
铁匠炉，专门打造兵工武器（2018 年摄）　　址"（2018 年摄）

美。院落内各房屋青石到顶，每一块石头都方方正正，用錾子精
打细敲而成，并凿刻着流畅的线形条纹，整个墙体严丝合缝。该
建筑原为高万祥的旧宅，后让给八路军作为办公地点使用。章丘
抗日政府后勤部屋内现在摆放着织布机、纺车，天井里安放了十
多个碾盘和磨盘。

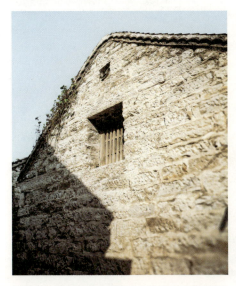 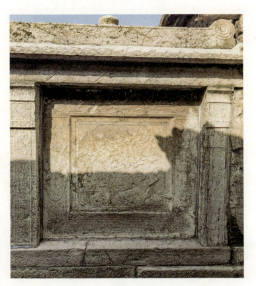

图 7.21 石质山墙上部有青瓦装饰的花样图案，　图 7.22 全石影壁，石雕精美（2018 年摄）
山墙开窗较小（2018 年摄）

图 7.23　位于村口的古井，至今村民仍在使用（2018 年摄）

4. 村落民俗与非遗传承

　　北王庄村南部有黄石关寿星石像，天然形成在山体断壁上，远远看去像是慈祥的老寿星。相传寿星石保佑了周围村民的身体健康，北王庄古村便是一个长寿村。黄石关下还有一汪清泉，从未干涸。据传当地百姓如有感冒等症，取此泉之水煎药，便会药

图 7.24　嬴汶河河水清澈，河面开阔（2018 年摄）

到病除。"孟姜女哭长城"的传说故事可谓家喻户晓，"孟姜女"墓就位于黄石关下、黄石崖旁，该地是传说中孟姜女哭倒长城的地方之一，石围古冢前现有新修的孟姜女墓碑、碑亭以及平台等。传说孟姜女是孟家峪人，其父姓孟，其母姓姜，所以取名孟姜女。秦始皇统一六国后，齐长城没有了战事，贸易往来频仍。城南王庄的范家和城北孟家峪的孟家为过命之交，当时二人的妻子都有了身孕，二人为了增加两家之间的友情，于是指腹为婚。第二年，范家生了一男孩，孟家生了一女孩。当两个孩子长到十八岁时，两家父母正准备为孟姜女二人筹办婚事，却天降灾祸，范家儿子被官府押去幽州修建长城。一个多月后，范家儿子因饥寒交迫而死，尸体被掩埋在长城之下。思夫心切的孟姜女拖着娇弱的身躯千里寻夫，到长城后，听说丈夫已故，恸哭之声感动了上天，长城为之倒塌，丈夫的尸体也暴露了出来。孟姜女抱着丈夫的尸体，万念俱灰，想一死了之。这时秦始皇发现了这位貌美的少妇，就产生了将她纳为妃子的想法。孟姜女誓死抗拒，终于逃脱魔爪，纵身投海，后来被渔夫搭救，回到了家乡，但不久就郁郁而终，被埋葬在范家的田地里，圆了夫妻同穴之梦。

北王庄的传统民居是草屋顶形式，屋顶山草的铺设是一项传统建造技艺，原料主要为当地出产的黄草和白草，黄草的使用年

图 7.25　屋顶山草的铺设是一项传统建造技艺（2018 年摄）

图 7.26   晾晒黄草。韧性较强的黄草是铺设草屋顶的重要材料（2018 年摄）

图 7.27   铺草顶是一项技术性很强的活，只有有经验的匠人才能很好地完成（2018 年摄）

图 7.28　沿街房屋山墙立面石块垒砌得比较齐整（2018 年摄）

限比较短，而白草的品质较好。铺草顶是一件技术性很强的活，包括轧草、上草、传草、铺草等几道工序，需要几个人很好地配合。草箔相互叠合的程度决定了最后屋面的厚度，屋面越厚，其保温隔热的效果就越好，造价和工序也就相对更加复杂。

　　由于山区缺少黏土构件，瓦的使用并不多，因此，一些大户人家往往在屋顶与山墙的交接处铺设一排瓦片，以对茅草房顶进行加固，起到防风防雨的作用。一般人家为节省购买瓦的费用，则选用石板覆在屋脊和垂脊处。这些工序进一步减缓了山草顶腐坏的进程，延长了使用寿命。

图 7.29　仍在使用的石碾（2018 年摄）

捌

石匣村：

千年寺院藏古村

1. 地理环境与历史沿革

石匣村位于济南市章丘区官庄街道办事处南部山区，南临齐长城，北靠连云寨，向西可至朱公泉村，向东邻近相峪和东岭村。石匣村距官庄街道办事处25.4千米，离省城济南约64.9千米，村中有环山公路通章丘市区，交通较为便利。

石匣村地势西高东低，三面环山。石匣河呈东西走向，穿村而过，将石匣村分为南北两部分。村中还有多处被列入济南市名泉名录，它们是：凉水泉、真武庙泉、龙王庙泉、妙泉南井、太平李家泉、石羊东泉、泉子崖泉、滴水崖泉、蘸火泉和菩萨泉。其名泉总量居济南各村之冠。因此，石匣村的水资源颇为丰富。凉水泉又名报孝泉，四时不枯，水质甘洌，水量最大。村里从这个泉眼里接出自来水管道，家家吃的自来水都是这个泉里的水，余下的水则淌入汶溪。

据《章丘市地名志》记载："石匣村处于九顶山下，村委会辖石匣、东岭、相峪、相峪口四个自然村。"据村中老人介绍，石匣村大概在明朝洪武初年建村。600多年前，石匣村的祖先从山西洪洞大槐树"移民"至此，因村东有一方形石槽，槽内有鱼，故取村名为石匣。当时最早从大槐树迁来的有3户人家，分别姓张、许、邱，这是石匣村的第一代居民。因无史料记载，村庄建立的具体时间不详。

图 8.1   石匣村在道光十三年（1833）《章丘县志·今治图考》中的位置

图例
 □ 民居建筑   ▭ 村庄街巷
 ▭ 对外交通道路   ▭ 村庄建设用地范围线
 ▭ 村庄主要道路   ▭ 河流水域

道路和街巷空间现状分析图 PAGE 07

图 8.2　石匣村道路和街巷空间现状分布图

2. 村落空间格局

  石匣村处于汶溪夹谷地带，地势相对平坦。石匣河穿村而过，石匣村在河两侧沿着夹谷地形呈带状分布，东西长约2000米，南北向稍短。村中大部分民居依河而建，集中成片。村落被石匣河分成南北两半，几乎每家门前都有小桥。建筑多使用条石建成，房子坚固且冬暖夏凉。

  村中以东西向的顺河街和南北向的街道小巷构成村落的道路骨架，形成石匣村现在的交通网络，比较整齐。顺河街位于村南面，是一条主道，水泥硬化路面，编号为023乡道，已开通至章丘市区的乡村公交车。石匣河两岸有数条南北向的街道小巷，彼此交叉相连，有的与顺河街交会，有的到石匣河而止。南北向的街巷多为石板路。

  石匣村桥梁众多，现存有东升仙桥和报国寺桥。东升仙桥位于村东，始建于乾隆十二年（1747），为两孔船柱石桥；报国寺桥为村东报国寺与于家胡同及北坡主道相连之桥。东升仙桥的桥面、桥柱皆以巨石砌成，建筑风格古朴典雅，堪称古青石桥梁

图 8.3   石匣河自东向西，穿村而过（2018 年摄）

建筑的经典。桥头有巨碑矗立，是乾隆五十六年（1791）所立的《重修升仙桥记》碑，碑文八分书，字体精美。

石匣河北侧的建筑多为传统建筑，南侧多为 20 世纪 80 年代

图 8.4   石匣村建筑风貌现状图

图 8.5　石匣村历史环境要素分布图

以后的现代建筑。村中的历史建筑保存得较好，除明清时期建造的民居外，还有不少寺庙建筑，从东到西依次为兴隆寺、报国寺、龙王庙、真武寺等，其中兴隆寺已有1000多年的历史。因此，石匣村也以寺庙众多而著称。

3.村落典型历史建筑

　　石匣村的传统建筑多为石质房屋、条石房基、砖石墙面、硬山草房顶，垂脊处用石板覆脊，石板挑口，木架梁。房屋大多由石块干垒而成，不施石灰勾缝，有的建筑质量较好的房屋墙体会用石灰勾缝。房屋内墙只用麦秸草泥稍作涂饰。墙体设有石开窗，镶嵌木棂窗。受地势所限，民居院落布局比较自由，每个院子大小都不尽相同，有的坐北朝南，有的坐东朝西，形制上大多为三合院或四合院式，北屋是正房，一般建三至五开间，左右各建东西厢房二至三间，倒座与正房相对，门楼位于院落的东南角。由于房屋顺应山势而建，村内民居很多建造成两层样式，一层仅用来喂养牲畜或存放杂物，二层才是居住之所。这也是石匣村民居建筑的一大特色。

图 8.6　村中由低到高延伸的街巷（2018 年摄）　　　图 8.7　村中街巷风貌保存得较为完好（2018 年摄）

　　村内有多处历史建筑，如兴隆寺、报国寺、龙王庙、真武庙、大戏台等。

　　兴隆寺位于石匣村轿顶山南麓，距明水城区 26 千米，俗称"东寺"。三赵路途经景区。兴隆寺是章丘与莱芜周边地区的佛教活动场所，有着悠久的历史渊源。据考证，该寺始建于唐朝开元

图 8.8　全石结构的石匣大桥，上可通车行人，下可排洪泄水（2018 年摄）

图8.9 兴隆寺位于章丘区官庄街道石匣村轿顶山南麓，坐北朝南，是一座典型的四合院式建筑（2018年摄）

年间，清康熙四十一年（1702）复修。自建成以来，兴隆寺历经宋、元、明、清、民国至解放后。抗战时期，廖荣标将军曾在此养伤，并得到僧众保护。解放后，最后一代僧人景维福主持并驻守庙宇，至1968年才还俗，该寺的佛教文化活动逐渐停滞，直至2005年初才恢复。

兴隆寺修建在一处高台之上，坐北朝南，是一座典型的四合院式建筑。山门为直脊，圆拱门，两边各有圆形石窗。山门左右斜立石碑两座：西侧为乾隆八年（1743）重修寺庙碑，东侧为清乾隆三十年（1765）造寺前盘路并群墙、山门碑。过了山门，院内有松树1株，高数丈，夭矫苍翠，颇为壮观。曾有诗云："南山幽幽藏古寺，青松苍苍冲云天。"院东有石碑两座：北边一座为清光绪十七年（1891）十二月《重修兴隆寺碑》，南边碑为清光绪十七年修寺前照壁碑。兴隆寺山门南面是一片山地，树木间掩映着九世僧众的墓碣。最南边一座碑为兴隆寺谱牒碑，记录了历代僧众的谱系，立于光绪十八年（1892），碑高2.5米，宽1.5米，上有砻檐，下有方座，碑阴书一斗大"福"字，两边有联，曰："真

图8.10 清光绪十七年（1891）十二月《重修兴隆寺碑》（2018年摄）

图 8.11　石匣村村域环境（2018 年摄）

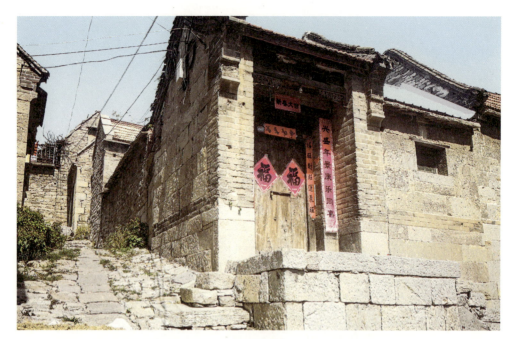

图 8.12　山区民居沿着山坡或者山谷自由布局（2018 年摄）

山自有真人卧，吉地容多吉士居。"横批："别有洞天。"兴隆寺正殿供奉如来佛祖、观世音、文殊、普贤，东侧殿是伽蓝殿，西侧殿是地藏殿。2000 年 1 月，兴隆寺被评为"章丘市重点文物保护单位"。

报国寺位于村东入口处。据村中老人介绍，该庙始建于清康熙年间，1952 年被改为石匣小学。院东墙下有一棵垂柏，据说是建寺时所栽。柏下有一块碑，字迹已经很模糊，隐约可见是康熙

图 8.13　民居院落依山就势而建，地形较高的院落开门见山（2018 年摄）

图 8.14　报国寺始建于清康熙年间，1952 年被改为石匣小学（2018 年摄）

年间所立。报国寺建筑在细部上注重精巧大气，在雕刻上匠心独运，雕工精湛，图案细腻，大方精美。

　　龙王庙位于村东，靠近古戏台。该庙的始建年代不详，今年再次重修。该庙坐北朝南，建于青石铺就的台基之上，面阔三间，石木结构，硬山屋顶，楹柱出厦，龙脊翘檐，属典型的鲁中山区

图 8.15　石砌房屋技术较高，墙体严丝合缝，石块规整（2018 年摄）

图 8.16　石匣村内的石板路蜿蜒幽深（2018 年摄）

明清式建筑，台基、柱墩、拦水、脚石做工精细。该殿朱门镂窗，肃穆典雅。每逢天旱之年，村民便到龙王庙中烧香祈雨。

真武庙位于村落中西部，修建于清乾隆十六年（1751），与真武桥同时动工。该庙坐北朝南，面阔三间，石木结构，硬山屋顶，龙脊翘檐，铺设灰瓦，属典型的鲁中山区明清式建筑。该殿

图 8.17　普通人家的石质大门，造型简洁，立于青石铺就的台基之上（2018 年摄）

图 8.18　村里很多石头房已被废弃（2018 年摄）

朱门钱币窗，典雅肃穆。门前设一供桌，供人们祭祀时用。有两个雕琢精细、栩栩如生的石狮子立于殿前，增加了真武庙的威严肃穆。老百姓深信这是一片神仙眷顾的土地，应该心存感恩，用山里人特有的淳朴回馈上天。

图 8.19　真武庙位于村落中西部，修建于乾隆十六年（1751），该殿朱门钱币窗，典雅肃穆（2018 年摄）

图 8.20　入户石台阶（2018 年摄）

图 8.21 石匣村掩映在绿树葱郁之中（2018 年摄）

4. 村落民俗与非遗传承

石匣村章丘梆子戏传承已有 200 年历史。章丘梆子又名山东讴、靠山梆子，也叫东路梆子，源于山西蒲州梆子和陕西秦腔，明朝时随山西移民传入章丘，后在当地语言、章丘秧歌、民间音乐等艺术形式的影响下发生了很大变化，于是人们把这种变化了的梆子腔称为章丘梆子。

图 8.22 石匣村内历经风雨沧桑的石碑（2018 年摄）

图 8.23 石匣村村民家中的影壁雕刻细部，正面刻"寿"字，反面刻"福"字，寓意福寿吉祥（2018 年摄）

石匣村剧团师出同喜班。最早同喜班有个艺名为"马回子"的老艺人，在村里教唱，收了个徒弟叫于小辫，在周边地区很有名气，后又经过清朝末年新泰人福祥老师传授。章丘梆子历史上分子弟班和科班两种，章丘最早的科班艺人是五同师兄弟：同居、同文、同喜、同奎、同会。科班就包括同喜班，而业余的石匣村

图 8.24　缺少黏土构件的石匣村民居建筑，屋脊和垂脊处都采用石板加固草房顶（2018 年摄）

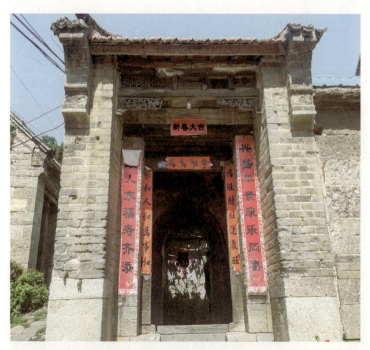

图 8.25　带挂罩的大门是山东民居门楼中最精美的样式，在石匣村中为数不少（2018 年摄）

图 8.26　石匣村沿山坡建造
的民居多为两层样式，一
层仅用来喂养牲畜或存放
杂物，二层才是居住之所
（2018 年摄）

章丘梆子和已解散的白球剧团就是子弟班。石匣村剧团一般在春
节期间和每年六月二十日祭龙王神时演出，祈求风调雨顺、五谷
丰登。

　　石匣村有个戏台，建于道光年间，距今已经有 200 多年的历
史。戏台边有块石碑，记载着戏台的建造与重修历史。戏台经光
绪、民国时期几次重修，又焕发出了勃勃生机。目前村里流传下
来的戏服中有已拥有 100 多年历史的凤冠、大红蟒、石黄靠和黑
披风。除此之外，村里还有 50 多年前的老剧本手抄本等。

图 8.27　顺应地势不同，
建于高处的山石墙体尽显
高大粗犷（2018 年摄）

图 8.28　狭长的石板小路，与两侧房屋石墙体相映成趣（2018 年摄）

　　章丘梆子唱法以本嗓为主，每句最后一字行腔，用章丘梆子假嗓翻高演唱，发出讴字的尾音，腔调高亢激昂，抑扬动听。在表演方面讲究做、念、唱、手、眼、身、法、步一丝不苟。演出剧目有"一骂，二斩，三打朝，四大征，五大反"之说。石匣村章丘梆子戏继承老一辈的戏曲文化，并传承发扬至今，石匣村剧团被评为"章丘市十佳庄户戏团"，章丘梆子戏也成功申报了山东省非物质文化遗产。

图 8.29　石匣村顺河街道北侧传统民居建筑立面图（李睿泽绘）

孟家峪村：
池塘众多的千户大村

1.地理环境与历史沿革

　　孟家峪村位于济南市章丘区官庄街道办事处中部，西距济南市中心 60 千米，东距淄博市 40 千米，北距 309 国道 5 千米、胶济铁路 9 千米，302 县道贯穿村落而过。

　　巴漏河位于村外，从村东流向村北，为季节性河流。孟家峪村西靠孟家尖山、簸箕帐山，南临南峪山、万青山，村北农田临近团坡山和小北山，村东有梯田。古村址在小山子西 1000 米处，多次立庄未起，后搬到现址。山上的植被以柏树为主，郁郁葱葱，冬夏常绿。孟家峪村的建筑南高北低，西高东低，顺势而建，建筑材料为本地青石，坚固耐用。

　　据村碑记载：清同治年间，捻军东征，连年战乱，孟姓由大洛庄迁此建村，因址在岭峪中，孟姓又为大姓，故冠以姓氏，名为孟家峪。目前村中的姓氏以邢姓、韩姓、姜姓、潘姓为主，其中邢姓是来村较早的姓氏。

　　该村村民世代以耕种为生，农作物主要有小麦、玉米等。村内现有居民 500 余户，常住人口 1775 人。村域占地面积 2.699 平方千米。因当地缺水少雨，灌溉条件差，孟家峪村属典型以农业为主、靠天吃饭的村落。

图 9.1　孟家峪村在道光十三年（1833）《章丘县志·今治图考》中的位置

图 9.2　孟家峪村村落空间格局与历史风貌分析图

2.村落空间格局

　　孟家峪村被 302 县道分为南北两部分，南为老村、北为新村。村内街巷纵横交错，房屋以月牙池为中心，绕池而建。东西向街道有 302 县道、北街、青石街、南池街，南北向有大北门街、小北门街等，主街上分布有南北串通的九条街巷。古建筑群集中于青石街和南池街两侧，以及大北门街与北街、小北门街中心交会处周围，交会处的月牙池成为村子的中轴。

图 9.3　远眺孟家峪村的耕地，生机勃勃，一片翠绿（2018 年摄）

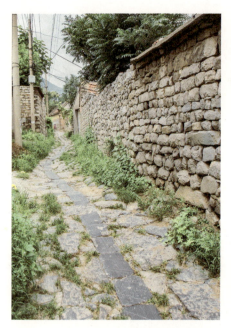

图 9.4　一条条石板胡同延伸到门前屋后，构成村内主要的交通网络（2018 年摄）

图 9.5　夹在整齐的民居之间的石板小胡同

　　孟家峪村传统建筑群大体分为两片：东片和中片，共计 5 万余平方米。其中，中片有两座二层楼房。传统民居绝大部分为四合院，大门、影壁、倒座、厢房、正房，厨房和栏圈齐配。村内古迹众多，保存完整，村北有观音堂、土地庙，村西南有南池，村东有龙王行宫（又称龙王庙），村中有民生池，村南有月牙池、孟姜女故居和潘家老宅等。

图 9.6　传统民居建制多为三合院或四合院式，主屋高于两侧厢房（2018 年摄）

3. 村落典型历史建筑

　　孟家峪村是章丘山区较为罕见的千户大村，村中保存了较为完整的传统建筑群。孟家峪传统建筑群主要位于村南的老村，沿大北门街道分布，集中位于大北门街道以东。青石街和南池街也分布有大量传统建筑。村内现有 30 余处传统建筑和 5 条古街道，

图 9.7　清代方形格栅石窗（2018 年摄）

图 9.8　供奉关公的神龛，嵌于山墙之上（2018 年摄）

图 9.9　土地庙石头雕刻的钱币型窗户（2018 年摄）

图 9.10　精美的铁门环装饰（2018 年摄）

图 9.11　精致的玉如意拴马石（2018 年摄）

图 9.12　拴马石（2018 年摄）

图 9.13　靠山影壁借助厢房一侧山墙建成，装饰精美，壁身绘有"梅、松、竹三友图"，壁顶用青砖做翘脊（2018 年摄）

图 9.14　观音堂上的飞檐翘角

图 9.15　一字影壁，壁顶用青砖瓦建成硬山屋顶式，立于院落之外，与大门相对应（2018 年摄）

基本保存完好。传统民居按大门朝向不同，其主屋或坐北朝南，或坐东朝西。房屋几乎全部是石头房，建造工艺讲究、精良。墙体大部分用细凿方子青石砌成，大门装砌"门枕""腰枕""悬枕"，沿街墙面设有拴马桩。门面石块做工精细，雕刻有花草、神兽等吉祥图案。其中以孟姜女故居、观音堂、龙王行宫、小观音堂（又称土地庙）、雨王庙、潘家大宅、月牙池、民生池、龙王池等传统建筑最为典型。

图 9.16　孟姜女故居正门，为典型传统门楼样式，以青石为基，砖石细密（2018 年摄）

图 9.17　孟家峪村传统民居院落，院墙与房屋山墙相互连接，形成较好的封闭空间（2018 年摄）

图 9.18　观音堂，俗称北庙，坐北朝南，是一座独立的院落（2018 年摄）

"孟姜女故居"位于月牙池南面，据潘振伟之孙说，该建筑的建造历史已超过 140 年，经重修后有了现在的建筑样貌。原为潘振伟的宅院，"土改"时期被征收为村中集体财产，后又被韩氏购买，现为韩氏家族继承人韩祚营所有。整座古宅为四合院式院落，占地面积为 360 平方米，房屋 22 间，用青石砌成，二层绣楼建筑考究。目前被辟为"济南市章丘孟姜女文化研究中心"。

观音堂俗称北庙，位于孟家峪村北约 1 千米处，地处山坡缓冲地带，周边是山地和小山丘，为明朝人口大迁徙以后建造的。

图 9.19　观音堂内连接正殿和侧殿的砖石结构的影壁墙（2018 年摄）

图 9.20　观音堂屋顶上的壁画，画面清晰（2018 年摄）

图 9.21　龙王行宫俗称龙王庙（2018 年摄）

旧时观音堂被阎家峪、辛庄村居民称为东家庙子。观音堂坐北朝南，占地约 200 平方米，是一座独立院落，有正殿一间，东西配殿各一座，均为廊檐式结构。正殿和配殿面积相差不大，大约十七八平方米，连接处为一砖石结构影壁。影壁用青石做基，中心区域用青砖方格图形装饰，壁顶用青砖做檐，并有简洁花纹。

图 9.22　龙王庙内的壁画，"八仙过海"画面依稀可辨（2018 年摄）

　　龙王行宫俗称龙王庙，殿内石梁上有明永乐年间重修该庙的石刻，墙壁上有方形钱币纹石头窗户。门前有龙王池，传说一富商携银钱赶路时遇强盗追杀，慌不择路，躲进一破旧石屋后，门口突现一巨型蜘蛛吐丝结网。强盗至，认定富商不在屋内躲避，寻路追去。富商得救，感到有神灵保佑，故拿出银钱修建此庙。

图 9.23　小观音堂俗称土地庙，始建于隋朝（2018 年摄）

图 9.24　镶嵌在小观音堂墙壁上的两块重修碑刻，记载着小观音堂的重修历史（2018 年摄）

图 9.25　孟家峪村西俯瞰图（2018 年摄）

小观音堂俗称土地庙，始建于隋朝，明清经历过多次重修，现存"大明国万历四十二年（1614）重修观音堂""大明崇祯十五年（1642）重修观音堂"碑记。据传，小观音堂始建石碑在章丘县城，清朝石碑已损毁。殿内留有八仙题材壁画，画面人物以墨线勾勒，形象生动，线条流畅。

青石街51号的潘家老宅多为明清建筑，砖石结构，整体保护得较为完整，除屋顶改用了红瓦外，其余皆保存着原貌，非常集中，占村落总面积的40%左右，据说已有140余年的历史，是村中大户潘振伟所建。潘振伟五子于此居住。该宅院坐北朝东南，为四合院式，砖石结构。正屋面阔三间，东面和西面的房屋为厢房。现西厢房被改为倒座，南面的房屋与正房相对。大门正对南屋山墙上的影壁。

月牙池俗称大湾，呈半月牙形，所以取名月牙池，石质结构。月牙池西南角有一古井，方便村民取水使用。现有两处石碑，一处为清道光十五年（1835）重修碑，一处为1963年重修碑。据村里老人们介绍，孟家峪村是先有的月牙池，村内的房屋绕月牙池而建。传说月牙池是孟姜女娘家的池塘，"孟姜女故居"便坐

图9.26 青石街51号的潘家老宅，砖石结构，保存状况较为完好（2018年摄）

图 9.27　村中的民生池，1956 年建造，四周池壁全石砌筑（2018 年摄）

图 9.28　龙王池位于龙王庙南侧，池壁上砌有五角星和菊花图案（2018 年摄）

落在月牙池畔。

村内有古井多眼，现保存有东井、西井，有东峪泉子、青广峪泉子、南峪泉子3处泉眼。东井是孟家峪村最古老的见证。

4.村落民俗与非遗传承

长期以来，孟家峪村民以农耕为主，过着日出而作、日落而息的劳作生活。为增添生活趣味、缓解紧张忙碌的生产劳作压力，在农忙时节之外，尤其是春节期间，扭秧歌成为当地村民最喜欢的一种娱乐项目。孟家峪村人自发组织了两个秧歌队，村东一个，村西一个。每到正月初六、七至十五之间，两个秧歌队便组织队员，身着秧歌服，化上浓妆，敲锣打鼓，在广场或村中主路上扭秧歌。表演者边舞边唱，颇具观赏性。

酸浆豆腐制作工艺是章丘较为普遍的豆腐制作技艺，很多村落中都传承了这种技艺。孟家峪村现有四五户人家在做酸浆豆腐，其制作工艺不同于卤水和石膏做的豆腐，而是用做豆腐的黄浆水自然发酵后点浆。酸浆豆腐的制作工序复杂、讲究，有选豆、浸泡、磨浆、杀沫、滤渣、煮浆、点酸浆、豆花成型、压包滤水等10多道工序。做酸浆豆腐的整个过程中最关键的就是用酸浆点豆腐，它保证了豆腐的原汁原味和食品的健康。孟家峪村民喜吃酸

图 9.29　"孟姜女故居"东侧传统街巷图（吴泽宇绘）

图 9.30　孟家峪村俯瞰图（2018 年摄）

浆豆腐，村民多会在每天下午的村中集市上购买酸浆豆腐，从而形成了一种特有的吃、做生活习俗。

　　猪胰子制作工艺是孟家峪村中的另一项传统手工生产技艺，颇具特点。具体流程如下：首先，将天然纯碱和炼好的猪油放在大铁锅内，比例为两斤猪油一斤碱；其次，将二者加热到充分融合后放到容器内发酵一个月，然后再使用。发酵的作用是将生碱加工成熟碱，在保留其去污能力的同时，减少生碱对皮肤的伤害；

图 9.31　高大坚固的民居院落，依地势而建，门前设有青石台阶，墙外石板小路蜿蜒而上（2018 年摄）

图 9.32　石头打造的香炉（2018 年摄）　　　　　图 9.33　雕花精致的碑帽（2018 年摄）

再次，将猪胰脏去除筋、生油后用木槌砸成糊状，将三者混合、注模成型，切块、阴干、包装即可。猪胰子具有防冻防裂、消炎止痛、灭菌、去油除污的作用。

孟家峪村的民俗信仰较为丰富，村中留存有观音堂、龙王庙、土地庙等庙宇。每年六月初六，村民会在观音堂举行祭祀活动；每逢天旱之时，人们会到村东的龙王庙祈雨；每逢春节，村民也多会去观音堂、龙王庙、土地庙烧香叩拜，祈求祛病祛灾，此习俗延续多年未变。

过去孟家峪村中有很多妇女会利用农闲时间纺线织布，代代传承，几乎家家户户有纺车，纺线织布亦成为村中女性持家立业的看家本领。现在，该手艺几近失传，村中基本没有人织布了。

图 9.34　因降水少，村中拥有众多用来储水的水窖，当地人称之为"水墩"（2018 年摄）　　　　　图 9.35　村民家中的水井（2018 年摄）

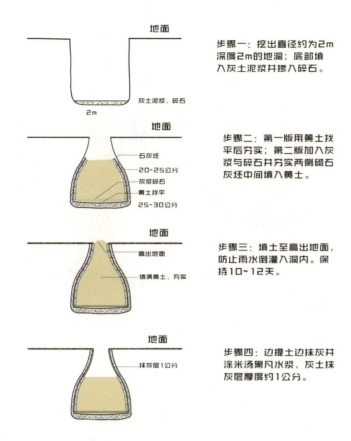

步骤一：挖出直径约为2m深度2m的地洞；底部填入灰土泥浆并掺入碎石。

地面

灰土泥浆、碎石
2m

步骤二：第一版用黄土找平后夯实；第二版加入灰浆与碎石并夯实两侧砌石灰坯中间填入黄土。

地面

石灰坯
20~25公分
灰浆碎石
黄土找平
25~30公分

步骤三：填土至高出地面，防止雨水倒灌入洞内。保持10~12天。

地面

高出地面

填满黄土，夯实

步骤四：边提土边抹灰并涂米汤黑凡水浆，灰土抹灰层厚度约1公分。

地面

抹灰层1公分

图 9.36　水窖制作方法示意图（王志超制图）

　　打石技艺是孟家峪村中一项流传颇久的手工技艺。村中很多房屋都是村民自己到山上打石头，然后请泥瓦匠建造的。55岁的潘绍金是孟家峪村打石技艺颇为精湛的石匠。他家的房子建于1981年，盖了整整一年，全部石头都是他们兄弟自己采自村南的南池。那时盖房，全村工匠都来帮忙，花费主要用于购买瓦、木料和起石头用的硝酸铵炸药，还有就是帮工的伙食费。因为潘绍

图 9.37　村中的古井台（2018 年摄）

图 9.38　村民家中闲置的储水罐（2018 年摄）

图 9.39　村中现在的居民主要以老人为主（2018 年摄）

　　金兄弟 4 人都是石匠，所以他的房子建造得格外用心，仅房子墙壁的厚度就有 60 多厘米，整个房子冬暖夏凉。后来，山体开采被禁止，延续了几百年的用石头建房历史基本结束了，而潘绍金也成为章丘山区最后一代石匠。

图 9.40　村中因村民取石盖房而形成的南池（2018 年摄）

图 9.42　石面上石匠打凿的痕迹清晰可见（2018年摄）

图 9.41　孟家峪村的传统石匠艺人（2018年摄）

图 9.43　石块垒砌的花朵造型（2018年摄）

图 9.44　古朴的民居，大红的婚庆对联（2018年摄）

图 9.45　大红"囍"字足以看到村民对美好生活的企盼（2018年摄）

拾

西王黑村：

千年庙宇藏古村

1. 地理环境与历史沿革

西王黑村位于济南市章丘文祖街道办事处驻地西 2.5 千米处，村北靠近文（祖）埠（村）公路，距离省会济南 50 余千米，交通便利。

西王黑村建村历史悠久，据《章丘区地名志》记载：元至正七年（1347），王氏兄弟逃荒至此，天色将黑，即定居于此，取村名王黑村。后兄弟分居，一在沟东，一在沟西。该村在沟西，故名西王黑庄。明洪武年间，靳氏由河北枣强县迁此居住，后来王姓逐渐衰落，靳姓家族慢慢发展成村庄内的大家族，成为村内第一大姓，占全村人口的 90%，并建有靳氏宗祠。19 世纪 70 年代前，村内姓氏只有王、靳两家，目前村内也以此两姓为主。

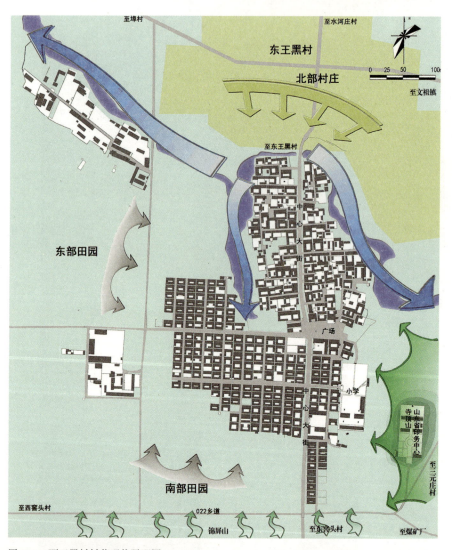

图 10.1　西王黑村村落现状平面图

图 10.2 西王黑村历史要素现状分布图

　　村子所属文祖街道办事处的地质构造形式普遍为单斜岩层，以块断为主，褶皱少见。其中，西王黑村所处地带为砂页岩夹煤数层，地下煤炭、黏土资源丰富，历史上西王黑村采煤业曾兴盛一时。20 世纪 80 年代，村内有村办煤井，村集体收入可观，村民富足，文化生活亦颇为丰富，每年一度的扎灯棚、舞龙等习俗远近闻名，成为村庄标志。

在村委会东边有村小学一座，可以有效解决村内及周边村庄孩子上学问题。村内现有居住户 260 户，常住人口 820 人。村庄占地面积 225 亩，耕地 1052 亩，土质较好，主产小麦、玉米、红薯、杂粮等农作物，村人均年收入 15751 元。因当地缺水少雨，灌溉条件差，西王黑村属典型的以农业为主、靠天吃饭的传统村落。20 世纪 90 年代末，自村办煤矿被关停并转后，村子虽相继开办过地毯厂、塑编厂等，但均因经营不善而倒闭破产，村庄再无支柱型经济产业。80% 的村民选择外出打工，打工收入成为家庭的主要收入来源。

2. 村落空间格局

西王黑村地处山坡地带，地势相对平坦，村庄正南面是当地

图 10.3 西王黑村保护规划平面图

最有名的锦屏山，风景秀丽，层峦叠嶂，多奇峰异景，为游览胜地。村东南有寺顶山，村西是蘑菇山，往村东远眺有胡山，地势险要，雄奇壮观，自古为兵家所争之地。村落中一条深而长的季节性泄洪沟绕村东、西、北三面，形成环抱之势，具有天然屏障作用。据村里老人讲，过去村庄周围匪患猖獗，为保护村落安全，西王黑村四周曾建有高大的围墙，以御匪患。20 世纪 50 年代，村庄围墙仍有遗存，后经几十年风吹雨打和人为破坏，如今围墙早已坍塌损毁，消失不在。

西王黑村为矩形聚落，老村南北较长，东西短，随着生活条件的改善，老村已不能满足村民的居住需求。于是村民们就沿老村往南不断拓展建筑空间，以此形成了现在新村的格局，并有了老村和新村之分。村内只有一条南北向主街道——中心大街，从南至北贯通全村，村内多条连街放射状小巷与之交叉相连，四通八达。村内主要道路已全部实现水泥硬化。纵横交错的主次街道，形成了西王黑村现在的交通网络。村落中的传统建筑主要集中在老村范围内，现存的水母娘娘大殿、望京楼、皇姑故居门楼等历史建筑仍保存较为完好。村庄广场活动中心坐落在新村和老村交界处，村内建筑年代最久远、建筑质量最好和规格最高的庙宇——水母娘娘大殿就坐落在老村最南面，与广场相毗邻。

在村子西北角，还有一棵几百年的皂角树。此树株高 20 余米，树干底部周长 3.6 米。树干遒劲，树冠苍翠浓密，直冲云霄，大有托天之势。据该村老人讲，此树已有 500 多年历史，但只是相传及推断，并无确切证据。皂角树本为稀有树种，该皂角树如此年久粗大，实属罕见。树下散落着的皂角最长的在 30 厘米以上，托在手上沉甸甸的。神奇高大的皂角树已与西王黑村融为一体，成为村落灵魂。每逢初一、十五祭拜之时，皂角树也成为村民祭拜的对象，在自家供桌前或皂角树下摆上供品，焚上香火，祈愿祷告。

3. 村落典型历史建筑

西王黑村传统建筑以土石结构为主，青石房基，土坯墙体，麦秸草泥抹面，硬山草房顶，木架梁。院落为北方典型的三合院或四合院式。屋檐处多采用当地特产的岩石板进行铺设，形成石板屋檐，另外也有砖砌屋檐。村内传统建筑整体简洁、质朴，无过多装饰，门楼作为院落的脸面，甚至是主家身份、地位、财富的象征，大多建得高大、坚固、气派，保存较好。门楼以青石作基，双开扇木门坐落在门枕石上，墙体由青砖砌筑，中间镶嵌腰枕石，顶部为硬山式屋顶，门楼两侧垂脊用小青瓦叠加垒砌，也有的门楼顶部直接用红瓦覆顶。墀头较少精细雕饰，仅有一些简洁的砖雕花纹或图形加以点缀，大多保留青砖的自然拼接状态。

村内很多人家院落中都设有影壁，作为遮挡主家隐私的影壁通常与大门一同出现，与大门相对。有的影壁单独设立，有的受院落空间所限，依附于东厢房山墙之上，成为"借墙"影壁。村内尚有几处人家院落内保留着比较传统的影壁造型，其影壁建造精致，有檐头、滴水，正脊处由两片小青瓦正反相叠，拼成铜钱图案，斜坡面小青瓦正面朝上层层叠加，垒成仰瓦垄。影壁正面部分现在大都进行了改造，贴上了带花瓷砖或用水泥抹面，而几处残存的未经改造的影壁正面则仅是麦秸草泥抹面，无装饰。

受传统建筑材料所限，村内大部分房屋墙面都出现不同程度的损毁、风化等现象，尤其是草房顶多已坍塌、腐烂。村民为了加固住房，在原有传统建筑的基础上均对房屋做了不同程度的改造。过去的草屋顶现在基本不复存在，改成了大红瓦顶。原有的传统土坯墙体多已破损，村民遂使用灰坯对破损处或整个墙面进

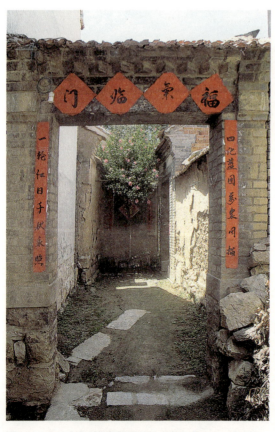

图 10.4　中心大街西侧胡同深处的幸福人家（2016 年摄）

图 10.5　村中保存完好的传统民居大门（2016 年摄）

图 10.6　传统民居正房石灰砖山墙及砖雕装饰（2016 年摄）　　图 10.7　传统民居青砖山墙和十字形通风孔（2016 年摄）

行包面处理，增加坚固性。由于西王黑村地处山坡地带，虽地势较为平坦，但地形面积有限，所以村内的建筑密度较大。另外，随着生活条件的改善和居住需求的提高，村民针对原有房屋居住面积狭小、条件简陋、光线偏暗等缺点，根据各自所需，将许多传统院落分为许多小的院落，由此建筑密度进一步加大，村落建筑形成了非常狭小的院落空间与建筑空间。

西王黑村历史悠久，文化底蕴深厚，并流传着很多与村落有关的优美传说故事。村内比较著名的历史建筑和自然景观有建于唐宋时期的水母娘娘大殿、清朝的望京楼和皇姑故居，以及村南处的锦屏山等。古时西王黑村有清代八景诗为证：

正月十五灯棚明，步效皇姑玉身轻。

水母殿前求子切，阅兵楼阁嵌虹中。

日出东岭悬金镜，知觉春来松响声。

门前碧柳垂钓线，锦屏古柏立守兵。

水母娘娘大殿位于西王黑村东南角广场北侧。该殿殿顶为庑殿顶，五脊四坡面，建造等级很高。庙宇占地面积较大，4 进院落，共 5 门，5 个门基本处于一条直线上，取"五子登科"之意。站在庙宇主大门处，透过层层内门，可一直望见水母娘娘大殿正门。庙宇主大门上有 1 副对联，上联为：日出东岭悬金镜；下联是：门对青山列锦屏。横批为：迎春东郊。现在对联已磨损不见。穿过主大门（南门），走百米的开阔地，便来到"二门"处；通过 2 门，便可看到与大殿相对的行宫，行宫前后两门相通，过去有哼哈二将威立两边。透过行宫，就能看到太宏宝殿即水母娘娘大殿飞檐斗栱的宏伟雄姿。大殿前过去曾有 1 副对联，上联：苦节格天看阶前古柏高标宛然独秀女贞树；下联：慈恩匝地观郊

图 10.8 水母娘娘大殿入口
大门（2016 年摄）

外甘霖湿沛犹是纷来笑水波。横幅：沌孝格天。现对联亦不复存
在。水母娘娘大殿顶上由琉璃瓦拼成的 2 条青龙，形象逼真，栩
栩如生。4 条垂脊上雕有飞禽走兽和牡丹花，精工细作，造型生
动，令人感叹。筒瓦垒砌的屋面整齐大气，瓦当上皆为青龙图案。
据村中老人讲，殿内过去正中塑有"水母娘娘"神像，两边是疹
癍奶奶、眼光奶奶和送子娘娘等。周围墙壁上是二十四孝图，可
惜均已被毁坏。现在大殿正中只悬挂有一幅红绸锦缎，锦缎上贴

图 10.9 水母娘娘大殿内部梁架结构，彩绘清晰可见（2016 年摄）

图 10.10　水母娘娘大殿琉璃正脊上的吻兽（2016 年摄）

图 10.11　水母娘娘大殿侧脊上生动的装饰（2016 年摄）

图 10.12　水母娘娘大殿屋顶上饰有龙凤图案的瓦当和滴水（2016 年摄）

着一条形红纸，上写"水母娘娘之神位"，其下摆放着一张简陋的供桌。大殿内部结构精巧，四根木圆柱支撑的木梁架坚固结实，木梁架和雀替上的龙凤彩绘至今仍清晰可见。水母娘娘大殿前现有石碑四方，都是重修碑记，原始碑文因年代久远，早不知去处。不少学者根据大殿的建筑风格推断，该殿可能为唐末五代北宋初

图 10.13　水母娘娘大殿对面坍塌的南屋，可见内部梁架结构（2016 年摄）

图 10.14　明代靳载章故居——望京楼（2016 年摄）

年间所修筑，但究竟建于何年，无据可查。直到 2011 年西王黑村靳氏家族翻建祠堂时从地下挖出一方石碑，碑文载大殿初建年代为唐朝。

　　水母娘娘大殿是村庄内建筑规格最高、建造质量最好、雕刻和装饰最为精美的历史建筑。它的形成与章丘历史上天旱少雨、多灾荒不无关系，而与其有关的优美传说故事也与水有关。

　　望京楼又叫望景楼，位于西王黑村中心大街 119 号院内，据传为明代靳载章故居。沿西王黑村中心大街东胡同，走进一条幽静的小巷，巷道用碎石铺成，经过几百年的脚印摩擦、雨水冲洗，坚硬的碎石已被磨成卵石，圆润光滑。铺砌的"牡丹花"和"卍"字形图案，也历经岁月的冲刷，更显古朴沧桑。顺巷道往西拐进一古代院落，一座壮观的二层楼阁展现眼前。该楼坐西朝东，上

图 10.15　望京楼院内古朴典雅的
卵石铺地（2016 年摄）

下两层，砖石结构。一层正面墙壁上为石券门，二层楼上四壁各
有一砖砌券窗，环顾观望，周边景色尽收眼底。特别是清晨东眺
日出，别有一番风采。此楼为砖砌楼檐，硬山顶，南、北配房为
三开间，进深一间，砖坯结构，过去的草屋顶已改造成红瓦顶。
小院中的这栋二层砖石楼阁叫"望京楼"，据说此楼的来历，还
与明朝灭亡、崇祯之女逃难有关。此外，院落内较有特色的还有
卵石铺砌的花样地面，稍显局促的院落地面用一块块卵石铺砌成
菱形、花形及方形等图案，富于变化的线条又将图案装饰得更加

图 10.16　望京楼院内花形卵石铺地（2016 年摄）

图 10.17　皇姑故居门楼处的瑞鹿衔草石雕门枕
（2016 年摄）

丰富多彩。缤纷多姿的石铺地面不仅衬托得院落典雅精致，与众不同，而且悠久的历史也见证着村庄的岁月和望京楼的过往。

皇姑故居位于村庄中心大街东侧，据传此处为明崇祯皇帝女儿居住之所，现只剩下门楼一座。门楼造型别致，建于青石台基之上，高两米有余，硬山屋顶，门楼左右两侧分别有圆形木柱立

图 10.18　传说为皇姑故居的门楼（2016 年摄）

图 10.19　西王黑村内具有民国风格的靳氏宗祠大门，其围墙为近年重修（2016 年摄）

于鼓形柱础之上，支撑门楼房顶。漆黑木质双开扇大门因年岁久远而光泽油亮，大门两旁的抱鼓石做工精良，方形石墩内外两侧分别雕刻着"猴子献桃""瑞鹿衔草"等吉祥图案，上面又安放桃形石鼓，两侧鼓面平整光滑。此石鼓造型近看像鼓，远看像桃，寓意深远。门楼前面为 3 层石砌台阶，据说过去有文武大臣拜见皇姑时，须立于台阶之外，不可近门楼一步。

仁里桥是一座位于西王黑村与东王黑村中间南北流向河道上的石桥。仁里桥的历史已无从考证，过去这座石桥是连接两个村庄的主要通道。桥洞为拱券形状，桥洞上方是青石垒砌的桥体，坚固厚实，上面可通车行走。在桥体顶端一块横砌的青石侧面，有 3 个阳刻字"仁里桥"，经过几百年的风雨冲刷，刻字已模糊不清，需仔细辨认，方可看到字迹。此桥不同之处在于，一般桥的刻字应在拱形券桥洞之上的正中部，或有书写人的落款，而此桥刻字竟在顶部一块不起眼的横条石上。

图 10.20　保存完好的靳氏宗祠正房（2016 年摄）

图 10.21　村东南寺顶山上的石大夫庙（2016 年摄）

4. 村落民俗与非遗传承

　　西王黑村生产生活和信仰民俗丰富多样，村内庙宇众多，不只有规格高大的水母娘娘大殿、被摧毁的建于唐代的知觉寺，也有很多小庙。现在村内遗留的两处庙宇一是水母娘娘大殿，一是石大夫庙。水母殿里供奉着送子奶奶，村民想求雨、求子多会到水母娘娘大殿前烧香叩拜，传言过去在水母殿前求子特别灵验，村民很是信服。此外，每逢大年初一，西王黑村民以及周边村庄的民众都要到村庄东边寺顶山上的石大夫庙去烧香祭拜，求祛病灾，此习俗延续多年不变。不仅如此，村庄几乎每家每户院落里都搭建一个石供台，逢初一、十五村民都要在自家院里摆上供品，焚香供奉上述神灵。

　　西王黑村传统建筑主要为土坯墙体，草房顶。因土坯墙和草房顶具有年久易风化、破损和腐烂等缺点，日积月累，村里的房屋均出现不同程度的坍塌、破损等现象。为加固房屋，村民就在原有房屋基础上用石灰坯对其修缮。

　　石灰坯当地又称为灰坯，是西王黑村传统建筑所使用的主要修缮材料。灰坯由熟石灰与炉渣两种成分构成，其中炉渣成分占灰坯的 70%。这种建筑材料的使用，与当地盛产煤炭有关。20 世纪 80 年代至 90 年代，西王黑村建有煤矿，并一度成为当地的主要支柱产业。因此，人们在建房时就地取材，将提炼过筛后的煤渣作为建筑材料。

石灰坯的制作多选在春秋两季，场地选在过去的打麦场里，宽敞平整。石灰坯的传统制作工艺：将熟石灰、炉渣混合掺水，置于木质或铁质模具中用平板抹平、夯实，然后将模具提起倒扣，即可成形。石灰坯制作完成后，要挖个土坑，将石灰坯横起来 4 块 1 组平放入坑里，上面覆土，增加坚固性，晾晒半月后即可取出，用于修缮房屋。灰砖的规格尺寸有多种样式，如有的长 30 厘米、宽 15 厘米、厚 7 至 8 厘米，有的长和宽都是 40 厘米、厚 8 厘米。相比土坯，石灰坯更为坚固耐用，但因过去造价成本高，用料多，并非作为主要建筑材料使用，只有富裕人家才会用石灰坯建房，大部分人家都是将石灰坯作为辅助材料修缮房屋。将破损的墙面找平后采用一顺一丁（砌筑方式）的方式用灰坯将土坯包裹作为墙面，以抗风雨侵蚀。石灰坯为绿色节能材料，其中炉渣为循环利用的废渣，石灰具有吸潮杀菌的作用，同时兼顾了通风效果，兼具生态与实用功能，是当地人们长期生产经验和生活智慧的积累和运用。

由于石灰坯的主要材料为炉渣和熟石灰，所以其外在的肌理根据两种材料的不同配比而呈现不同的颜色变化。西王黑村的石灰坯墙面以黄灰色的灰坯居多，其颜色多偏黄或稍偏红，另有少量偏黑的灰坯。颜色丰富的墙面肌理，使西王黑村的传统建筑富于变化，独具地方特色。其风格与当地淳朴的民风一样给人朴素的印象。

图 10.22　西王黑村中心已经废弃的传统院落立面，可见墙体材质，下为青石，上为青砖、石灰坯砖（2016 年摄）

拾壹

郭家庄村：山峪中的『世外桃源』

1. 地理环境与历史沿革

坐落于群山环抱中的郭家庄村位于济南市章丘区文祖街道办事处驻地东南 8.5 千米处,隶属于文祖街道办事处,距济南市中心约 70 千米。虽地处章丘南部山区,但三赵公路穿村而过,并紧邻章莱公路,与省道 242 线和 243 线相交,仅用 1.5 小时车程即可到达济南市区,可谓交通便利。由章莱公路驶进三赵公路,一路向东,即可驶入郭家庄村。逶迤蜿蜒的三赵公路两旁,山峰绵延起伏,植被茂密,谷峰幽旷,层层叠叠的梯田盘于山腰之间,弯曲回环,如条条彩带飘落山谷,景色煞是优美。

郭家庄村为单姓村,村内只有郭氏一姓。郭氏八世始祖郭滮自明朝初年从河北枣强县迁居青州府益都县怀德乡后,因郭有 3 子,其中 1 子郭思化迁居章丘之东南郭家村而定居,是为郭家庄村,迄今已有 300 多年历史。

图 11.1 郭家庄村郭氏族谱扉页
(2016 年摄)

2. 村落空间格局

传统村落是在广大乡村地区形成的人口居住聚落,无论是地处平原还是山区丘陵,传统村落的选址都有一定的讲究。不仅要考虑到所居之所的农业耕作环境,还要考虑到居住生活的适宜与否。因此丘陵地区的传统村落比较理想的选址是向阳、近水、傍地、临道,同时又要冬避寒流,夏有凉风,体现出"天人合一"的村落格局理念。

图 11.2 郭家庄村选址与风水示意图

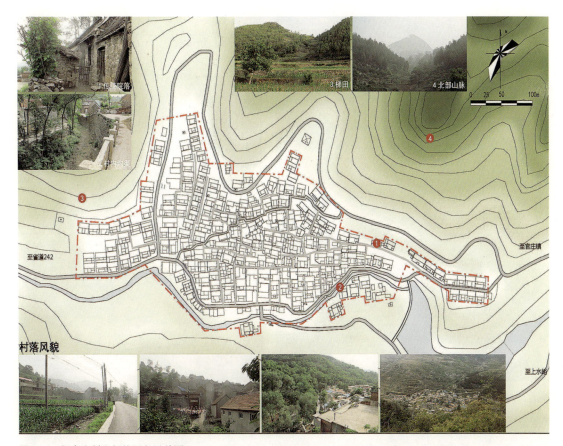

图 11.3 郭家庄村空间格局与风貌图

　　郭家庄村是典型的山区传统村落，四周群山环绕，村南有南寨山，村北有笔架山，村东有九岭山，上水峪泉水供全村人四季用水。其笔架山、马鞍山上植被茂盛，黄栌、野榆、柏树等有 20 多种树木，将山峰和弯弯的小道遮盖得颇为严实，远远望去只见树木苍翠不见其山形。村庄周边地势西高东低，郭家庄村先民选在周围山地海拔较低、地势比较平坦的山坳处建村，四周群山形成天然屏障。村庄整体为长方形聚落，依山而建，房屋建筑大多坐北朝南，不仅保证了充足的阳光照射，而且高低错落，随弯就曲，移步换景，别有一番风貌。尤其到了秋季八九月份，满山遍野的黄栌叶红似火，放眼望去，如火红的朝霞落入山岚。在群山环抱中，郭家庄村坐落其中，聚山水灵气，纳天地精华，与大自然融为一体，彰显天人合一的选址建筑理念。

　　走进村落，村中一条东西向主街道贯通全村，各个分支街巷又分别与主街道相连，如枝蔓散延，沿蜿蜒石板小路，通向各家各户。一条东西长的自然水沟自东向西环绕村庄，石砌沟壁坚固结实，古朴苍劲。村内有 3 口古井，位于村内季节性水

图 11.4 郭家庄村内依山修建的石台阶街巷（2016 年摄） 图 11.5 村中用石头铺地的街巷（2016 年摄）

图 11.6 石板和鹅卵石铺就的台阶便于推车行走（2016 年摄）

图 11.7 村内的石栏杆（2016 年摄）

图 11.8　废弃的石头院落
（2016 年摄）

沟附近，古井一年四季井水不断，过去村里没有打井前，郭家庄村民吃水全靠古井和水沟里的水。现在村域东面修建了一座规模巨大的水库，该水库为季节性蓄水，仲夏、初秋的雨季，由双水泉、朱公泉及九顶山西麓泉群汇流进水库，是村内主要的农田灌溉水利设施。

图 11.9　郭家庄村历史环境要素现状分布图

3.村落典型历史建筑

郭家庄村虽地处山区，但村落也曾遭受兵匪之患，因此村内建筑除传统民居建筑外，还有防御性山寨建筑。

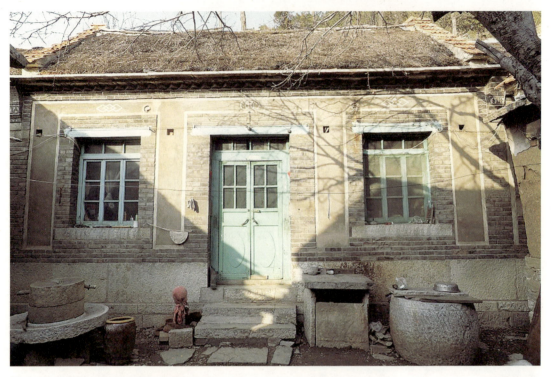

图 11.10　典型四合院正房（2016 年摄）

图 11.11　典型四合院厢房（2016 年摄）

图 11.12 郭家庄村依山而建的二层全石头到顶楼房（2016 年摄）

因村庄周围多山，村落东高西低，房屋依地势而建，高低错落有致。村民在建房时就地取材，开采山石建房，因此，村落建筑大多是石头房。村子的大多数建筑形制为三合院或四合院式，院落北面建筑为主房，一般是三开间，一明二暗，明间为客厅，暗间为卧室，有的两侧还带有耳房。东、西两面建造厢房，厨房、厕所、猪圈等多设置在各房屋屋头。房屋有的全部为石砌建筑，有的为土石混合建筑。土石混合建筑的房基用大块石头砌筑，房基以上墙体为泥土垒筑。屋顶多为硬山坡屋顶，屋顶以麦草或山草苫面，屋架为木头檩梁。窗户为木制方格窗棂，进屋门建在青石台基上，一般为对开的木制灰蓝色山门，在大门两侧嵌有腰石

图 11.13 张氏牌坊上的双龙戏珠浮雕（2016 年摄）

和卡门石，有的人家在腰石上雕刻吉祥寓意的花纹图案。郭家庄村传统建筑整体简洁大方，无过多装饰，灰砖、天然纹理石块、褐色泥土墙面、方格形门窗的相互映衬，使建筑整体表现出朴拙、浑厚、自然天成的一面。

郭家庄村内比较有名的历史文物建筑和景观有张氏牌坊、笔架山、北寨和南寨以及东北岭的石刻。

图 11.14 村中心坐北朝南的张氏牌坊（2016 年摄）

图 11.15 张氏牌坊上的铺首衔环雕刻（2016 年摄）

图 11.16 张氏牌坊柱础侧面的花纹石雕（2016 年摄）

图 11.17 张氏牌坊生动形象的石狮雕刻正面（2016 年摄）

图 11.18 张氏牌坊生动形象的石狮雕刻侧面（2016 年摄）

　　张氏牌坊坐北朝南，由清朝道光年间翰林院设计。坊顶中间为一宝葫芦，两边各盘一条青龙，坐石下为"圣旨"二字，圣旨坐石下为道光题字"名标天府"，坐石左右两端又各盘一条青龙，坐石两檐伸出86厘米。牌坊全由青石建成，工艺精湛，雕刻精美，总高7.8米、宽3.35米、厚为1.67米，进出口高3米、宽1.68米，开口宽阔，通行方便。

　　笔架山位街道办事处镇驻地东南13千米处，是文祖街道办事处与官庄镇的分界山。因山顶突起三峰，状如笔架，故得名。笔架山海拔764米，面积2平方千米，山上景色秀丽，气势颇为壮观。有景观多处，山顶有古寨，石筑寨门和寨墙尚存，但何时所建无

图 11.19 郭家庄南寨上的神仙门（2016 年摄）

图 11.20　村东北岭上的"高冈"石刻（2016 年摄）

法考证。

　　北寨位于村北 1000 米处的笔架山北面，现存长 60 多米、高 6 米的寨墙。墙上存有对外瞭望的观察口和射箭的小孔。寨墙南侧有一个拱形寨门，经几千年风雨侵蚀，寨门顶部已经塌落，两边保留完好。寨门口朝正西，正对着一个两边高、中间凹的山梁，望远山峦起伏，连绵不断。

　　南寨位于郭家庄南岭山巅，是一古山寨，被当地人称为"南寨"。因郭家庄村北部的笔架山上也有一个古山寨，便有南、北寨之分。南寨现存薄板山石砌建的高 2 米、阔 80 厘米的拱形石门，这就是山寨的南门。离此 50 米处还有一窄小的石门，这是山寨的二门。因年代已久，二门两旁已经坍塌。此山寨面积二亩之多，东、西、北三面为峭崖，只有从南面才能进门，可谓地势险要，易守难攻。此山寨离长城岭之磨池岭一川之隔，能看清磨池岭上的地形，因而推断这也是齐长城的二道防线，主要是观察瞭望齐长城。

　　石刻位于郭家庄村东的东北岭山上，保存较完好的石刻上刻有"高冈"二字。据村民郭乾坤介绍，该石刻是清嘉庆八年（1803），以监生郭存龙为领袖，组织 20 多个郭姓善人开始重修家庙，在当年秋季郭家家庙修建完成。家庙建成后，为了纪念这一大事，郭姓族人在庙前立碑，并确定郭氏家庙的范围，即东到朝阳，西至高冈，北到北崖山，南至河崖滩。家庙范围确定后，规定此范围内不准任何人开山放炮、伐木毁林，以示对祖先的敬重。

4. 村落民俗与非遗传承

　　郭家庄村为典型的山区传统村落，村民朴实善良、热情好客，与很多传统村落一样，郭家庄村内过去也建有很多庙宇，是村民重要的精神信仰空间。如在村东山上有观音庙，南寨山上有关公庙，香火颇为旺盛，然而"文革"时期，两座庙均被拆除。89岁的焦大娘因会给人看"神病"，是村里的"神婆"，在其堂屋最东头的一间耳房内，专门供奉有泰山奶奶的神像，失去祭祀空间的村民们便将这里当作了精神信仰空间。几十年来，每逢三月十五日泰山奶奶生日时，村内妇女都会到焦大娘家给泰山奶奶烧香磕头，这已成为村内信仰习俗。

建于山坳之中的郭家庄村，四周群山环绕，土地贫瘠，靠天吃饭，村民大多无一技之长，主要靠种植一些小麦、玉米和地瓜等农作物维持生活。但郭家庄村村民在长期劳作中，仍发挥出聪明才智，物尽所用，取作物的天然味道，并循环利用，创造出了独具风味的特色饮食。

酸浆豆腐在郭家庄村拥有100多年的制作历史，其制作工艺不同于卤水和石膏做的豆腐，采用传统酸浆点制。郭家庄村原有四五户人家卖酸浆豆腐，后来几家相继转行，现只有75岁的郭方越一家仍坚持着。

酸浆豆腐的制作工序复杂、讲究，有选豆、浸泡、磨浆、杀沫、滤渣、煮浆、点酸浆、豆花成型、压包滤水等十多道工序。做豆腐时要先挑豆子，用筛子过筛去掉杂质和品相不好的豆子，然后将黄豆用清水浸泡七八个小时。豆子浸泡成功后，因节省人工，一般用电磨打成黄子，然后在锅里烧开水，将开水浇到黄子上，浇完后，放到布包里过滤，将豆汁滤出，剩下的豆渣用来喂猪。

图 11.21　制作酸浆豆腐所用的酸浆（2016 年摄）

图 11.22　淡雅洁白、清香怡人的槐花（2016 年摄）　　图 11.23　即将摊好的槐花煎饼（2016 年摄）

滤出的豆汁放到锅里烧开，再用酸浆点豆腐。点酸浆时，要慢慢地往锅里点，每点完一次，就要停五分钟，才能接着点第二次的酸浆。一锅豆汁要点四到五次酸浆，直到看到浆清，共用半个多小时，点酸浆时最好用葫芦瓢，这样可以保证豆腐的醇香。等豆汁凝团后，用瓢舀到布包里，包好放到模具中，上面盖以用高粱秆制作的锅拍子，然后压上砖头或石头等重物，豆腐即可成形。

做酸浆豆腐的整个过程中最关键的就是用酸浆点豆腐。酸浆就是在制作豆腐过程中，豆花凝结后从上面舀出的清浆，清浆舀出后，经过发酵即成酸浆。酸浆出自豆子本身，可以循环使用，在停火舀出豆花之前，就可提前预留出下次做豆腐用的酸浆。用酸浆点豆腐，保证了豆腐的原汁原味和食品的健康。

酸浆点豆腐在郭家庄村已经成为一项传统的手工生产技艺，流传了近百年，郭家庄村村民几乎家家户户都会制作酸浆豆腐，并逐渐形成了特有的生活习俗。每逢春节，每家每户都要制作一锅酸浆豆腐。酸浆豆腐不仅成为招待亲友的一道必备佳肴，也将其作为礼物赠送亲友。

槐花煎饼是郭家庄村的一道特色饮食。郭家庄村三面环山，村前山寨上有大片的槐花树，因地处山区，气温偏低，郭家庄村的槐花树要比平原地区的槐花树晚开一月有余，五一前后正是郭家庄村满山槐花开放的时节，也是郭家庄村"槐花节"举办之时。槐花淡雅洁白，清香怡人，每年逢槐花盛开之季，村里人都会采摘槐花，或煎槐花饼，或蒸槐花菜、槐花包子，或做槐花饺子，一种槐花多种吃法。

槐花煎饼的做法如下：（1）先将摘好的槐花洗净，控干水分，放适量盐和花椒粉调味腌制；（2）面粉加清水、鸡蛋，将面粉拌成细腻的面糊，放入槐花，与面糊搅拌均匀；（3）平底锅置于火上，加入油，烧至七八成热，用勺子舀入半勺槐花面糊，摊在平底锅底，用勺子抹平，煎至两面金黄色，即可盛盘。槐花煎饼味道鲜香，色泽金黄，可谓待客之上好佳肴。

由于郭家庄村地处山区，多山石少耕地，建房多就地取材，因此，村内过去所建房屋多为石头房。特殊的居住环境也造就了郭家庄村村民一手好的建房技术。

郭家庄村以前石匠很多，建造房屋前，村民必须先去山上开采石头，准备建房石料。采石非一人之力所为，需大家群策群力，众多石匠也一起帮工参与。采石工作通常需要3个月左右的时间，就可以积攒够一栋房屋的建造石料。开采石头也需要技巧：要先取细石料，即门框料、转角石、踏步垂带等部位的石料；其次取出面石，即压拦石、围裙石等；最后剩下的块石与边角料作为土层内的基础用料，但各种石材用量须按房格基槽选定。石头开采并选取好后，因过去装卸设备落后，只能完全依靠人工抬运将石头一块一块地搬运到村内。石料运下山后，就要根据房屋建造要求进行打磨、加工和修正，这也是石匠的重要工作。石匠主要用钎子和手锤等工具对石料进行细加工，将石块修正为基石、门框石等形式。

村民营造房屋最重房基坚固，这关系到房屋建造的安全稳定。打造房屋地基需要一定技术和经验，下基础前必须放线挖土，谓之挖屋脚。屋脚须挖至老土，才能达到一定深度，然后村民用碎石填充堆砌，大约30厘米，保证地基稳固。露出土面的，开始用方石修葺建筑，大约高35厘米。在墙体的拐角处，用条石垒砌，做房屋的承重柱。房屋的墙体有的是土石混合墙体，有的是全石墙体。一般都以青石作基，房基之上或者是全石墙体，或者是筑土坯墙，村民先在地面通过炼泥、压实等技艺制成土坯砖，然后垒砌成墙体。

房屋墙体建造好后，接下来就是建造屋顶。首先要根据屋顶形式安放、组装屋架，然后根据屋架质量选好正梁，正梁所需的木料多是就地取材，选用山上木质比较好的树木。房梁架好后，就要开始铺设房顶。先在房梁之上铺一层用秸秆制成的草帘，再在草帘上面铺设一层泥，最后在泥层上面再铺设一层茅草，用秸秆、泥土和茅草铺设的草泥房顶不仅遮风挡雨，而且冬暖夏凉。房屋的门窗多为木棂窗。

拾贰

杨官村：

长白山下的繁华古村

1.地理环境与历史沿革

杨官村隶属于山东省济南市章丘区普集街道办事处，位于街道办事处驻地东约4千米处。该村是一个地下水资源非常丰富的村子，村域内分布大量古井，水质甘甜。

据文献记载，明清时期，杨官古村地处交通要道，位于淄川、邹平、章丘3县交界处，并且西临普集集市，东靠淄川王村集市，东去直通周村，其区位十分优越，交通便利，环境优美。杨官村对外主要有两条通道，一条为村中东西向的普杨路，属于公路街；另一条为向南连接省道102与国道309的南北公路。村域周边有胶济铁路、济青高速公路、济青公路、章莱路、经十东路、潘王路等，其交通可谓纵横交错，四通八达。

杨官村曾经被称为杨郭庄，据《章丘杨氏世谱》记载，杨氏系明洪武二年（1369）自直隶冀州枣强县迁入，到清朝道光年间，杨氏家族相继出过两位举人，并出仕为官，村名逐渐沿革为杨官庄，其意为杨家出了官，所以村子也得名"杨官庄"。但《章丘杨氏世谱》又有如此记载："此本故里，元末避乱他出，至明初始回籍耳，未知可否。"根据上述两段记载，杨官村建村说法可考有二：一是在元代，二是在元末明初。

明清时代章丘分为六乡，杨官村属东锦乡。1958年，章丘又划分为一镇二十九乡，杨官村亦属杨官庄且成为乡驻地。到20世纪70年代，又归属到了普集公社。1984年改革开放之初，设置杨官乡，1985年后重属普集镇。

2.村落空间格局

杨官村背山面水，村庄东西较长，建设集中成片，村内传统街巷大多集中在东西大街北侧的老街核心区，这一区域也是杨官村最早的村落基址，故而传统建筑、传统街巷比较集中。

图 12.1　杨官村选址示意图

图 12.2　杨官村背靠长白山脉（2016 年摄）

　　杨官村村落的基本骨架结构形成典型的"鱼骨状"布局形态。东西大街穿村而过，在东西大街两侧，自西向东，依次有刘家胡同、周家胡同、逯家胡同、郑家胡同、杨家胡同、袭家胡同、庙胡同、五坝街、东沟街等十五条街巷与东西大街贯通南北。另在村落东部有两条东西向街道，分别为中街和后街。

　　村东有南北向东沟，在东西大街处汇为一湾，即东大湾。村中部有南北向泉子沟，流经袭家大院东侧。两条水系均发源于长白山，但因近年干旱少雨，两条水系均已干涸。村南部有龙王池和荷花池，中华人民共和国成立前两池水脉相通，池水清冽，碧波荡漾。现因受到污染，已失去当年景象。

　　杨官村村域范围除村庄本身外，主要以农田和苗圃为主，构成典型的北方村落环境景观。村落周围环境优美，景点颇多，而

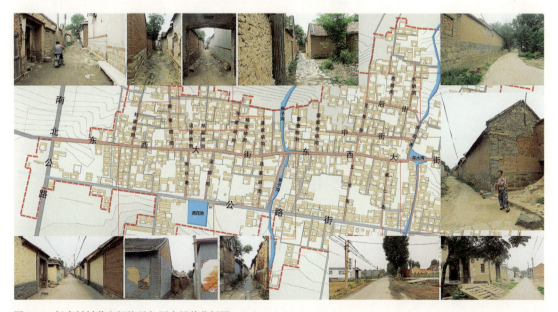

图 12.3　杨官村村落空间格局与历史风貌分析图

图12.4　村中石板路街道（2016年摄）　　　图12.5　村内传统建筑沿街立面（2016年摄）

在诸多景点中，当数"东岭晓月"最为有名。杨官村北的茶叶山，也叫东岭山，古称"杈桠山"。此山海拔612米，山势峻拔，巨石嶙峋，山巅巨岩矗立，犹如南天一柱，蔚为壮观。诸峰之间，巨岩相倚，其中一岩壁通透巨孔，农历每月下旬的黎明时刻，晓月晨星从孔中峰间显露。相传在旧章丘县衙堂上，便可看到"东岭晓月"奇观，故古人有"卧看东岭晓月明"的诗句，旧时将此景列为"章丘八景"之一。由于此山景色佳丽，历代文士多游历、隐居于此。元初著名词人刘敏中曾在山麓建"中庵别墅"，筑"含辉亭""赋诗台"，晚年归隐于此，著《平宋录》《中庵集》传世。除此之外，山上还有神仙晒袍、月老石等优美传说。

3. 典型建筑风貌

杨官村内至今仍保存二百余座清代后期至中华人民共和国成立以前的传统建筑，这些建筑具有章丘民居的典型特征，是山东省历史建筑保存较好的鲁中山前平原地区的传统村落之一。

村落中的民居多为传统的四合院硬山坡屋顶建筑，总体上保持了北方四合院的传统布局、结构等特征，整体的建筑规格和质量都高于章丘一般村落。四合院通常按南北纵轴线布置房屋与院落，院落由正房、东厢房、西厢房、倒座及门楼组成。正房即北屋，三到五开间，东西厢房正对，一般两到三开间，倒座与正房正对，多为三开间。门楼多位于院落的东南角，与倒座相连，西南角为旱厕，门楼正对的厢房山墙上一般设有座山影壁，少数设有独立影壁。一般房屋在抬梁式木构架外围砌砖墙，墙体和屋顶较厚，以御严寒。

村落内单体建筑多为砖石结构或土石砖混合结构，在土石砖混合结构的外墙体上抹一层灰渣三合土，院落内以十字形青方砖或鹅卵石铺地，用于连接正房、倒座及东西厢房间的交通。村中几户大户人家的院落为前庭后院，由北至南，后有台屋，长辈居住；前房有过道，两侧为晚辈居住。中上等人家，进大门处设有

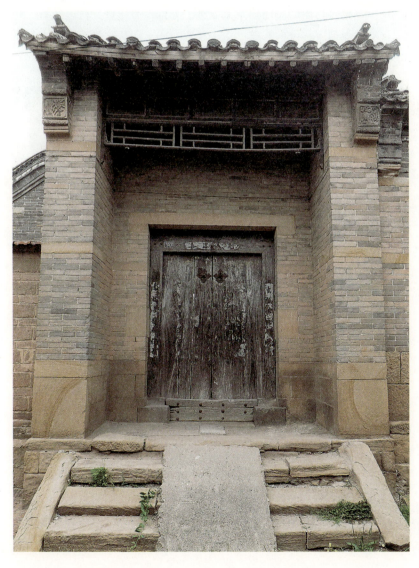

图 12.6 杨官村的民居大门普遍要比章丘其他村落民居大门高大气派（2016 年摄）

图 12.7 袭家大院章丘市级文
保单位石碑（2016 年摄）

影壁，过影壁拐弯处设有二门。

　　杨官村内的民居建筑家家进门处都设有影壁，村里还有一些
宅院保留了传统的影壁。由于院内空间有限，这些影壁大多都是

图 12.8 袭家大院南楼南立面（2016 年摄）

图 12.9　裘家大院大门上的木雕挂罩（2016 年摄）

图 12.10　裘家大院进门靠山影壁和垂花门（2016 年摄）

"借墙"影壁，依附于东厢房的南墙上，其造型比较简单，影壁有檐头，正面图案以斜方砖拼接居多，以简洁实用为主。院内布局与传统北方四合院形制相似，有的保留了二门，有的则拆除二门以扩大院内空间。

　　杨官村现有章丘区重点文物保护单位——裘家大院，另有多处重点民居和公共建筑。其中，裘家大院和杨家家庙建筑特色鲜明，建造技艺精湛，是章丘民居中的精品。

　　裘家大院位于村落主街东西大街路北，原有五进院落，自南向北分布，现北边最后一进院落已拆除，仅存前四进院落，第一进院落也已翻盖，仅保留南楼。据考证，裘家大院是裘家第十七

图 12.11　袭家大院座山影壁（2016 年摄）

图 12.12　袭家大院的二门
（2016 年摄）

代孙袭肇运于清朝嘉庆年间在杨官村建造的宅院，至今已有 200 年历史。2005 年，章丘区人民政府公布的"章丘市第二批重点文物保护单位"包括袭家大院的门楼、第一进院落的南楼、第二进院落、第三进院落和第四进院落的北楼。

袭家大院门楼现存尚好，两扇大门古朴庄严，有镂空的高大门楼，雕刻精美的瓦当，高高挑起的飞檐。门楼上曾悬挂着皇家授予都司袭肇运的刻有"熙朝伟英"4 个金字的匾额。匾额金碧辉煌，夺目耀眼，为防被盗，现已被后人收起。大门两侧墙上设有拴马石，门口两边设有两层台阶的上马石，气派壮观。门前曾有 9 级长石台阶，阶前大片空地开阔。现因地面抬高，道路拓宽，石台阶已被埋在路下，仅剩露在地表的 3 层台阶。门楼两侧墀头上均有砖雕装饰，保存完好。

袭宅第一进院落南楼位于整个袭家大院的中轴线上，整体高度 10 米。一楼后窗是一圆形石棂，二楼有 3 个拱形石窗，石窗造型独特，形式多样，并有采光、防盗、美观、优雅等特点。后墙条石砌基，腰线以上青砖到顶，屋顶灰瓦铺装，屋脊灰砖挑檐。屋檐用 9 层砖，建造规格很高。在墙面约 1.3 米高处设 4 个拴马石。

袭宅第二进院落原是袭宅的厅房，是整个大院最讲究的地方，也是族人祭天祀祖、吉庆典礼迎接客的场所。厅房建筑面积百余平方米，为四梁十六柱框架结构建筑，室内中间装有精美木雕屏风，上悬金字蓝底大匾，东间为木雕阁楼，两侧各有 3 间配房，东西两厢房，房顶两边是昂首翘尾的青龙檐，屋脊中间是一巨大的绣球，左右为雄狮图案，牡丹与荷花分布两旁，搭配相宜。

袭宅第三进院落也是完整的四合院式布局，正房前 3 层平整的青石台阶，宽阔的客厅加东西两侧房间共 7 间房，东西两厢房各 3 间。正房东西两侧山墙均为圆形石窗，厢房两侧后墙均为方形窗，利于采光和通风；所有房间底部都用条石无缝垒砌，院落内现有葡萄架挂满院子。

袭宅第四进院落是三开间两层绣楼，位于中轴线上，现保存完好。两侧有后来修建的 1 层单侧坡屋顶建筑。绣楼前厅雕刻多为花草雀鸟，屋脊飞檐上的雕刻为镇宅哈巴狗，其形象栩栩如生。绣楼的两侧山墙及后墙均有拱形窗户，登上绣楼，透过后墙的拱形窗户，野外风景尽收眼底。

杨家家庙位于五坝街北首，整个门楼及院落建筑墙体保留完好，装饰细节考究。门楼及建筑底部基石均由来自东岭山的砂石精细砌成，部分用铜钱找平。门楼高大阔气，门前有 3 层砂石台阶，中间铺石坡，外侧有木挂罩，雕刻精美的垂珠已被盗。门楼

图 12.13　杨家家庙门楼（2016 年摄）

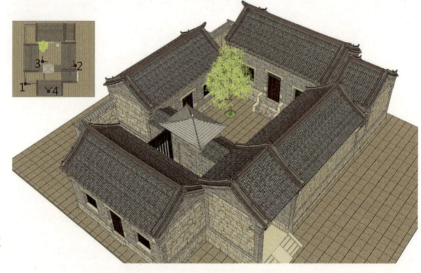

图 12.14　杨家家庙修复
方案效果图

　　屋脊铺设灰瓦，门楼内外两侧均有文字墀头和花纹装饰，外侧雕
刻花样，内侧雕刻"福""禄"吉祥汉字。内侧青砖墙有砖拼拱
形门洞，半圆形边缘有砖雕花边造型，拱形门洞底部有内凹结构，
边缘有竹节元素的砖雕装饰，寓意节节高。

　　正房面阔 5 间，室内铺地砖，地面留有曾经用于纺花布的纺
线铁钉和木棍，墙厚50厘米，有假梁。耳房正窗为传统竖木窗棂，
上下有花式造型，外窗楣为精美木雕。侧脊用水泥抹平。山墙保
留原貌，由青砖与砂石结合砌成，中间有圆形青砖拼窗，正方形
青砖框。屋顶更换为红瓦。

　　东西厢房面阔 3 间，进深 4 米，墙体及双梁结构保留完好，
两侧墀头均有砖雕装饰，腰线 5 层砖装饰。屋顶依然保存灰瓦和
猫头造型的水滴瓦当，正脊和侧脊为小青瓦拼装造型，保留完好。
西侧有后院，由西厢房正门通往后院，山墙开有圆形砖窗，院内
种植果树，也是拴马的地方，后院门口处有两个拴马石，院墙已

图 12.15 石头山墙上的圆形窗户（2016 年摄）

图 12.16 二楼石雕及仿传统竖木窗户（2016 年摄）

图 12.17 垂花木雕（2016 年摄）

图 12.18 大门两侧的龟背砖雕（2016 年摄）

图 12.19 寿字图案砖雕（2016 年摄）

图 12.20 墀头上的荷花砖雕（2016 年摄）

图 12.21 墀头上的砖雕图案（2016 年摄）

图 12.22 简易的拴马石（2016 年摄）

图 12.23　杨官村典型砖石独立的影壁（2016 年摄）

图 12.24　雕刻精美的影壁须弥底座（2016 年摄）

图 12.25　麒麟纹样石雕（2016 年摄）

经坍塌。该祠堂在中华人民共和国成立后"土改"时被分配给杨家后人居住，现已空置。

　　在杨官村内，还有很多精致、生动的历史构筑物，如精雕细琢、图案丰富的石雕、砖雕和木雕，简洁大方的门环，砾石铺就的古朴自然的卵石街巷，以及枝繁叶茂、郁郁葱葱的百年古树等。它们是杨官村历史的见证，体现了传统建筑最精致的细节，是村落历史的活化石，几百年来与身下的这块土地命运与共。

4. 村落民俗与非遗传承

　　杨官村民风淳朴，村内少数人信奉基督教、佛教及理学，遵奉"积德行善，仁义礼智信"的做人标准，同时也奉行着"忠厚传家远，诗书继世长"的古训。在长期的生产、生活实践中，杨官村人形成了丰富多彩的民俗文化。

　　在杨官村盛行一种"扮玩"的民俗娱乐活动，每逢农闲与节庆时，村民便自发组织扮玩，通常从正月初五、初六走完亲戚开始，到正月十五结束，最晚也可到正月十六、十七，中间避开农忙时间。

　　据悉，杨官村扮玩有几百年的历史传承，扮玩队伍由高跷、芯子、龙灯、旱船、舞龙等组成。扮玩中有地方小戏，唱腔来自于五音戏；高跷秧歌表演有所谓的"老姜背媳妇"，类似于假人摔跟头，即一位男性化妆成女性，穿上一个假人做成的道具衣服。另外，还会表演一些如《李白醉酒》（踩着高跷拿着酒杯）、《白蛇传》等传统剧目。高跷表演还有一种形式被称为"马弁"，即表演者横着走，然后腾空将高跷并拢打响着走，或者做翻跟头、劈叉等表演。

　　扮玩时，扮玩队伍一般在庄里转，有时也串村，村与村之间可互相邀请。人数最多时队伍可达百余人规模，一般情况下也有30至50人。中华人民共和国成立后，扮玩逐渐式微，秧歌开始兴盛，村民还自发成立了庄户剧团，以吕剧为主，义务为村民表演很多喜闻乐见的曲目。

　　除扮玩之外，杨官村也保存了一些非常宝贵的传统生产技艺，如杨官村的豆腐制作技艺和传统建房技艺。

　　在传统生产技艺上，杨官村形成了特有的房屋建造技艺。旧时杨官村，因考虑成本，人们在建房时普遍用石灰坯子或土坯子砌墙。石灰坯子以炉渣和石灰为原料，先过筛，筛细后，一锨石灰，三锨炉渣，用水和好，再放到木制模具里压实，用平板抹平。最后把模子提出来，坯子即成型。坯子晾至两天左右，为尽早晾结实，便将坯立起，半月左右就能结实。用时，用水一浇即可使用。坯一般长30厘米左右，宽约15厘米，高8—10厘米。建房时，由于石灰坯子耐水防冲，村民一般用石灰坯子做外墙，里面用土坯子。土坯子的制作方法与制作石灰坯子相似，将土用水湿好，放到模子里，用方石头锤夯实，十几天后晾干即可使用。建房时泥瓦匠使用的工具有：枇子（音）、笼耙（音）、锥、钎子、瓦刀、锤。往房顶苫草时，枇子和笼耙要互相配合，锥则用来固定麦秸草。

　　过去建房，上梁是建房中最重要且最具仪式感的一环。无论是主家还是盖房人，到上梁这一天都极为慎重。上梁时，主持上梁的人还要念叨一些俗语，如"坯打墙不跟砖，瓦屋不跟楼好看""丁是丁，卯是卯，几时上梁几时好"，以趋吉避邪。

　　作为一项手工技艺，过去泥瓦匠工作很受欢迎，用今天时髦的话说，是一个很吃香的职业。78岁的村民逯家庆，其家族世代为泥瓦匠，其父亲一辈，兄弟5人有4人从事泥瓦匠工作，而逯家庆的父亲，还收了五六个徒弟，徒弟间没有排行。到了逯家庆这一辈，兄弟4人都是泥瓦匠。当泥瓦匠时，逯家庆不仅盖过民房、澡堂子和楼房，还主持建造了张店钢厂的炼铜车间。与父亲一样，逯家庆也收了徒弟，共有四人。虽然收徒时没有举行拜师仪式，但都已拜师。4个徒弟分别是本村的杨秉山、杨先成，西矾硫村的袭建钊，东埠的余仁举。其中，余仁举的父亲也是泥瓦匠，与逯家庆还是很好的朋友。每年逢八月十五、过年时节，徒弟们都会带着烟酒、点心之类的礼物，看望师傅。

　　随着时代的变迁，以及生产和生活方式的改变，到了逯家庆的下一辈男性中，却没有一个人再从事泥瓦匠工作，曾经传承多年的传统建房技艺，如今面临着失传的危险。

拾叁 相公庄镇：铁打的十门九关厢

1. 地理环境与历史沿革

相公庄镇位于济南市章丘区城区北 5 千米，北距济青高速公路章丘入口 10 千米，南距济青公路 4 千米、胶济铁路 5 千米，西距济南遥墙国际机场 25 千米，102 省道穿镇而过。

相公庄镇东邻长白山，西临绣江河，南连明水，地势东北高、西南低，山区、丘陵、平原各占约 1/3，东巴漏河和下河在庄西处交汇，形成一处水湾，名为"龙湾头"，这也是东巴漏河和漯河分界处，漯河从此始发。

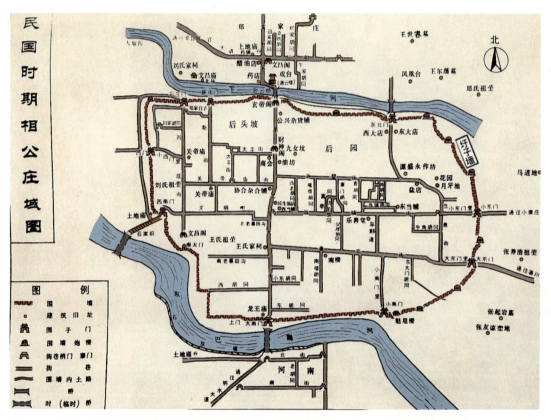

图 13.1　民国时期相公庄域图，南邻东巴漏河，北靠下河，圩子墙包围整个相公庄（此图据原图着色）

相公庄镇历史悠久，据清光绪《章丘乡土志》记载，元代前，相公庄名崖镇，又称燕镇。元大德元年（1297），村内张氏家族先后出了张养浩等多名朝廷重臣。元天历二年（1329），张养浩被封为滨国公，并带病去陕西赈灾，灾民尊其为"张大相公"，其家乡便改名为张相公庄。清康熙五十四年（1715），王氏家族从山西迁居此地，族人王世睿封王，王氏也有了"大相公"，村名便省略"张"字，只称相公庄。20 世纪 70 年代，相公庄改为"向公庄"。20 世纪 80 年代，又恢复了"相公庄"原称。

从庄名变迁可以看出，元代时张氏家族已迁移，今王姓人口最多，郑姓、刘姓居第二，还有部分姓田、牛、徐、孙、颜等姓氏的。2013 年 8 月，相公庄被评为山东省历史文化名镇。

2.镇域空间格局

在相公庄所辖的 56 个行政村中，其中相一村至相七村历史文化要素众多，村落格局和传统民居各具特色。相一村位于相公庄南部，东邻相二、相六，西交相四，北连相七，共 10 条街巷，10 个村民组，总面积 93.7 万平方米，在相公庄里面积最大；相二村位于相公庄东南部，西邻相一、相六，北连相三，共 7 条街巷，3 个村民组，总面积 37.16 万平方米；相三村位于相公庄东北部，西连相四、相五，南交相二、相六和相七，北邻相五，共 13 条街巷，3 个村民组，总面积 39.9 万平方米；相四村位于相公庄西南部，东接相三、相七，南邻相一，北交相五，共 13 条街巷，9 个村民组，总面积 76.29 万平方米；相五村位于相公庄北部，东邻相三，南连相四、相七，共 13 条街巷，3 个村民组，总面积 69.09 万平方米；相六村位于相公庄中部偏东，东交相二，西连相一、相七，南邻相一，北接相三，共 6 条街巷，2 个村民组，总面积 18.13 万平方米；相七村位于相公庄中部，东交相六，西邻相四，南接相一，北连相三、相五，共 6 条街巷，2 个村民组，总面积 25.35 万平方米。

相公庄 7 个行政村基本信息表				
村名	位置	街巷／条	村民组／个	总面积／万平方米
一村	相公庄南部（东邻相二、相六，西交相四，北连相七）	10	10	93.7
二村	相公庄东南部（西邻相一、相六，北连相三）	7	3	37.16
三村	相公庄东北部（西连相四、相五，南交相二、相六和相七，北邻相五）	13	3	39.9
四村	相公庄西南部（东接相三、相七，南邻相一，北交相五）	13	9	76.29
五村	相公庄北部（东邻相三，南连相四、相七）	13	3	69.09
六村	相公庄中部偏东（东交相二，西连相一、相七，南邻相一，北接相三）	6	2	18.13
七村	相公庄中部（东交相六，西邻相四，南接相一，北连相三、相五）	6	2	25.35

图 13.2　相公庄 7 个行政村基本信息图，其中相公庄一村面积最大

相公庄古时有圩子墙，今仅剩两截残墙。全镇有九街十八巷七十二胡同和十门九关厢，可称"城堡式村庄"。九街中南北方向 3 条街（南北大街、生意街、刘庄街），东南方向 6 条街（当铺街、奎文街、关帝庙街等）。以南北大街为界，东方西方各 3 条街。七十二胡同包括官家胡同、同茂胡同、协盛胡同、雁塔胡同、牛角胡同、寨门胡同、东当铺胡同、西老胡同等，呈棋盘式布局。南北大街和当铺街交汇成"十"字形，为全镇中轴。十门九关厢代表圩子墙开 10 座圩子门，除阁子门外，其他 9 门均建门楼，俗称"关厢"。

图 13.3　今相公庄 7 个行政村鸟瞰图（2022 年摄）

相公庄的圩子墙建于清咸丰十年（1860）。咸丰年间，朝政昏暗，外国侵略势力猖獗，捻军起义，土匪趁机而起。为保卫村庄不受匪患侵略，王其相、王其柘兄弟带领全庄，用两年多时间修筑了这个庞大的防御工程，村民又称之为"围子""围堡"等。圩子墙全长 3187 米，顶厚 2.5 米，基厚 6 米，墙高 8 米，占地 3.5 万余亩，约用土石 1284 万立方米。其东南、东北角的墙体为弧形，西南角的为阶梯形，西北角约为直角；东西方墙体长，南北方墙体短，周围大致呈椭圆状。因修筑围墙不仅耗资，而且占用大量耕地。为避免因占地引发各姓、各户之间的纷争，主事者效仿旧军村筑圩的做法：在大致划定的范围内，用一头老牛拖着木犁，任其自行，犁过之处定为墙基处。所以，相公庄圩子墙不方不圆，极不规则。

图 13.5　村内街巷，保留着部分石板路（2002 年姜波摄）

图 13.4　村内街巷，近景可见两处传统民居大门（2002 年姜波摄）

因圩子墙南、北两段沿河，所以墙高又增至 10 米；除沿河墙体外，其余各处墙外都挖有宽 6 米、深 5 米的壕沟。每段圩子墙顶部都筑留有瞭望孔的女儿墙，间隔约 200 米设 1 座炮楼。圩子墙上开有大南门、小南门、大东门、小东门、西南门、小西门、

图 13.6　相公庄原大南门至原南天门之间残存的圩子墙（2002 年姜波摄）

图 13.7　原大南门至小南门之间残存的圩子墙，用三合土制成（2002 年姜波摄）

图 13.8 土坯砖墙体（2022 年摄）   图 13.9 土坯砖和灰渣砖建的传统民居，已废弃（2022 年摄）

图 13.10 李家胡同现状，土路，多用红砖建房（2002 年姜波摄）

东北门、玄帝阁门、新街门、刘庄门共 10 座圩子门，圩门上建门楼即关厢，共 9 个，用作瞭望哨位和防御阵地，所以又称"十门九关厢"。圩子墙由生土加石灰、河沙拌成的"三合土"砌成。筑墙离不开石灰，遂在巴漏河建了 49 座石灰窑，昼夜烧灰不停。筑围墙时，先夯实地基，再从博山、莱芜及南部山区购葛条，编制成牢固的夹板，两侧立柱填三合土，每层夯打压紧。内、外都需灌制等厚的三合土，最后形成坚硬的护墙外皮。按照庄里规划，各街分段包干，分头施工，年余告竣。

图 13.11　民居大门挂落木雕精美，保存完好（2022 年摄）

图 13.12　拱形门洞，青石筑墙，花卉、植物、游鱼图案砖雕细腻精美（2022 年摄）

　　圩墙筑成后，对防御匪患，保村护庄，特别是在抗击土匪张鸣九、保卫相公庄的战斗中发挥了重要作用，一时间圩子成为相公庄力量的象征，庄民们为之骄傲。俗语"铁打的相公庄"也由此而来。中华人民共和国成立后，圩墙的历史作用已告结束。自20世纪50年代后期起，在村庄建设和农田建设中圩子墙渐被拆除。今仅在原大南门至小南门之间和原南天门附近，各存残墙一截。

图 13.13　相公庄原大南门至原南天门之间残存的圩子墙（2002 年姜波摄）

图 13.14　庄内第一所义塾乐善堂手绘图。该建筑青石为基，青砖到顶，惜已废弃（何静绘）

3. 镇域典型历史建筑

　　相公庄的传统民居多为四合院形式，损毁较多，遗存皆在当铺街。镇内传统建筑零散分布，东有张养浩祖堂、张起岩墓，西有关帝庙、土地庙，南有龙王庙，北有文昌阁、醋油店，中有乐善堂、东西当铺等。

　　相公庄崇尚四合院式建筑。富裕人家的四合院建造整齐，墙体皆是青砖和土坯，以青石做基，门楼的木雕砖雕精美，门枕、

图 13.15　当铺街 22 号大门挂首和墀头上的木雕、砖雕，保存完好（2022 年摄）

图 13.16　当铺街 22 号大门青石为基，青砖到底（2022 年摄）

腰枕各有不同，门前有上马石，墙外沿街处设有一排拴马石。寻
常人家则是土石结构的草房，土坯砌墙，三合土做基。现今，村
内留存的传统民居数量不多，多集中在老街当铺街，如当铺街东
当铺、西当铺、乐善堂、当铺街 22 号、当铺街 92 号及相七村民
张桂芬住宅等。

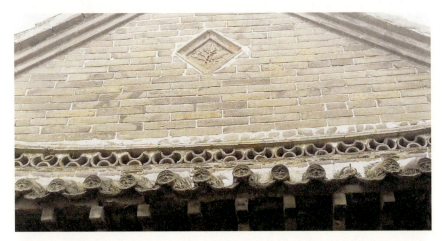

图 13.17　当铺街 22 号青砖影壁墙，背靠东厢房山墙，山墙上刻有砖雕（2022 年摄）

图 13.18　当铺街 22 号东厢房，青砖墙体、木门窗，保存得较好（2022 年摄）

图 13.19　玉如意拴马石（2002 年姜波摄）

图 13.20　云纹门簪（2002 年姜波摄）

图 13.21　石门栓（2002 年姜波摄）

图13.22　张桂芬现用宅院正房手绘图（何静绘）

当铺街因在街的两头各有一家当铺而得名。根据当铺所在位置，分别为东当铺和西当铺。东当铺可追溯到元朝，正门朝西，西当铺建于明朝初年，正门朝南。乐善堂位于当铺街中段路南，是王其相、王其柘兄弟于清光绪元年（1875）建成的，为庄内第一所义塾。清光绪三十一年（1905），乐育高等小学堂选址于乐善堂，义塾停办。

乐善堂正门朝南，青石台阶，大门、房屋皆为砖木结构，是一座套院式建筑。乐善堂为二进院，行墙分割前院后院，院门连通。北院作接待、会客场所，建有正房和东西厢房各3间。南院作集会、授课、研讨等场所，东设平房4间，西设二层楼房5间，

图13.23　相七村村民张桂芬，其家有两个院，一个已被废弃，一个正在居住（2022年摄）

图 13.24 张桂芬第二座住宅影壁，外围一圈青砖，内里夯土填充，保存得较完好（2022 年摄）

图 13.25 张桂芬第二座住宅主屋门口的石磨，已被废弃（2022 年摄）

东南角设厕所。前院原有一通记载乐善堂来历及建造过程的石碑，已损毁。乐善堂南北约 30 米，东西约 10 米，临街外墙有一排拴马桩。现该院落已荒废，无人居住。

当铺街东段有一座保存较为完整的传统民居—当铺街 22 号。青砖大门前后的砖雕、木雕保存完好，二进院，青砖墙体，座山影壁建在东厢房的山墙上，倒座前有木雕、砖雕。前院已被用来种菜，过厅连通前后院。院落东西和南北各有 30 米长。外墙有一排拴马桩，已被破坏。老宅虽保存完好，但无人居住。

当铺街 92 号为该街上另一座废弃民居，屋主是相七村村民张桂芬。这座民居为土坯房，已完全被废弃。整个院落共 5 座房，

图 13.26 当铺街 22 号倒座，廊下挂首雕花细腻精致（2022 年摄）

屋顶全部塌陷，仅存大门和耳房墙体，整体较矮，夯土墙体厚度约50厘米。院子现已被用来种大葱和果树。张桂芬家的第二个院落在用，保存完好，共6座房，砖土混合结构，墙体较高，红瓦顶，墙基多为青砖，少数使用青砖加砌石。腰身以上的外墙皮已脱落，露出土坯砖。门窗均为木质，影壁墙青砖作框，土坯砖砌筑。倒座被重新修缮过，上半部分为水泥刷墙，下半部分为青砖墙体，不锈钢门。

相公庄发展迅速，现在许多村民住进了楼房，村内遍布新建小区，还包括不少的学区房，村民生活有了较大改善。

图 13.27 酿制中的相公陈醋、黄豆酱油（2022 年摄）

4. 镇域民俗生活与非遗传承

相公庄如今仍保留的非物质文化遗产为古法酿造"相公陈醋"的制作技艺。"相公"牌陈醋创始于清朝光绪年间，创始人郑绍纯在原相公郑家庄西首下河崖开办了"德兴醋油店"，其手艺学自绣惠城关庆源居，主产醋、酱油，1991 年注册了"相公"商标，至今已有 140 多年历史。现经营人郑中玉为第五代嫡传人，被授予"相公陈醋非物质文化遗产传承人"称号。"相公陈醋"制作技艺在 2019 年被列为章丘区非物质文化遗产，"德兴醋油店"在 2021 年被评为"济南老字号"。

相公陈醋以瓜干、高粱、大米、麦曲为原料，经蒸煮等数十道工艺，再经 6 个月陈酿发酵而成。传统的古法酿分为 5 步：第一步，制曲：将麦糁放在特定模具里成型，于 20℃以上的恒温房里发酵 40 天，形成做醋用的"大曲"；第二步，蒸料：将粉碎的瓜干、高粱、玉米糠等原料放入蒸锅蒸熟；第三步，发酵、倒缸：在蒸好的原料里倒入打碎的麦曲，装入醋缸，发酵 15 天左右，且每天要进行倒缸、翻缸；第四步，淋醋、高温消毒：将发酵好的醋胚在醋缸里淋醋，淋好即为相公陈醋；第五步，装瓶或零售：客人或拎空桶来打醋或购买瓶醋，舀醋后，醋缸里泛起的醋沫透着沁人的粮食香味。

图 13.28　非物质文化遗产：相公陈醋（2022 年摄）

参考文献

［1］山东省历史地图集编纂委员会.山东省历史地图集·古村镇（征求意见稿）
［M］.2009.

［2］山东省历史地图集编纂委员会.山东省历史地图集·古村镇（征求意见稿）
［M］.2010.

［3］中华人民共和国住房和城乡建设部.中国传统民居类型全集［M］.北京：中国
建筑工业出版社.2014.

［4］姜波.山东传统民居类型全集［M］.北京：中国建筑工业出版社.2015.

后记

传统村落是闲适的，是恬淡的，也是舒缓的。

在这里，百姓们春耕夏种，秋收冬藏，度过酷暑严冬；在这里，百姓们听林中鸟唱、塘中蛙鸣；在这里，一代代村民休养生息，婚丧嫁娶，创造着属于他们自己的信仰崇拜、伦理亲情、生活艺术，培养着他们自己的审美情趣……

这就是让我们魂牵梦萦的乡愁；

一个民族渗透在心灵中的传统；

一种穿透进精神深处的根脉。

留住家园，留住乡愁，不应当只是一部分专家学者的呼吁，而是我们这一代人的历史责任。

近年来，传统村落得到了前所未有的重视。2012 年，是中国传统村落保护的"元年"，国家四部委、局启动了对传统村落的调查与认定工作。截至 2022 年，已开展了六批中国传统村落名录认定工作。

十年弹指一挥间，很多优秀的传统村落得到了较好的保护和发展，焕发出新的生命活力，也带动了当地乡村经济的发展。

济南是一座历史悠久的文化名城，在济南周边散落着许多深受府城文化影响、历史文化底蕴深厚的传统村落，一座座传统村落因地域不同，形成了不同特色，构成了不同区域人们多姿多彩的村落文化和生活方式。每一个传统村落都是历史发展的重要见证者，村落中遗留的传统民居、宗祠庙宇、古树名木、石板小巷，以及体现村民们生活智慧的民俗文化等，无不从里到外刻下了这个村落不可复制的烙印，成为独一无二的村落标志。无论从村落历史、人文环境还是村落民俗生活和非遗传承上，济南市的传统村落都具有深厚的可供保护和研究的重要价值。

然而，正像全国各地传统村落的命运一样，在时代的急剧变迁中，济南市的一些传统村落亦不同程度地被改造、被废弃，村落中越来越多的老宅坍塌、损毁，很多具有几百年传承历史的民间手工艺、民间曲艺、民间娱乐等民俗文化，更是渐趋消亡。这些凝聚了千百年农耕文明和历史文化、维系着人们精神纽带的传统村落，应该如何保护和发展？他们的命运该走向何方？是亟待引起社会各界共同关注和思考的大问题。

　　2018年起，为切实做好历史文化名镇名村及传统村落的保护工作，济南市住建部门启动了对传统村落的保护工作。我们与济南市住房和城乡建设委员会首次合作，选取了20个国家级和省级优秀传统村落，深入实地，用文字和相机记录下了这些传统村落中的古建筑、宗祠庙宇、民风民俗等，以图文并茂的形式，将济南市传统村落深厚的历史文化遗产呈现在读者面前。同时完成了《走进济南传统村落（一）》和《走进济南传统村落（二）》两部书作，受到广泛好评。倍受激励下，2022年，我们在济南市住房和城乡建设局支持下，重启传统村落的调研工作，不仅增加了调研的村落数量，将济南市20余个国家级和40余个省级优秀传统村落悉数收录，还收录了4个历史文化名镇名村，并新增了大量手绘图和测绘图纸，结合原来的两本书作，以行政区划为单元，最终完成了《寻访济南传统村落·章丘篇》《寻访济南传统村落·莱芜篇》《寻访济南传统村落·长清篇》《寻访济南传统村落·南山平阴钢城篇》系列丛书。这也是我们对保护济南市优秀传统村落做出的实质性行动。

　　时至今日，《寻访济南传统村落》系列丛书调研和撰写工作已落下帷幕。五年来，我们克服种种困难，行走在传统村落的街巷村头，停留在村民们的屋前门后，盘膝而坐听村里老人讲述他们的艰辛建房、拜师学艺、中草药采集等渗透着喜怒哀乐的过往日常。每一个传统村落都是丰富多彩的，那些带着浓郁地方特色的黄米、花椒，大山里救命的中草药，一代代传承下来的生产生活民俗、戏曲传唱等，与朴实的乡民紧紧相依，在炊烟袅袅的乡土里孕育着百姓的日常。正是这带着烟火味道的日常，赋予了这些村落深厚的生命内涵，组成了我们民族的根脉。因此，保护传统村落，无疑就是保护我们民族的"根文化"。

　　在这条路上行走，我们倍感荣幸！

　　值本书付梓之际，首先感谢济南市委副书记杨峰对本课题给予的关怀和支持，在杨书记的关心下，本课题的后续工作得以顺利完成。感谢住建部中国传统村落专家指导委员会副主任委员、清华大学建筑学院教授罗德胤对济南传统村落的长期关注，感谢济南市住房和城乡建设局长期以来对本课题给予的支持，感谢山东建筑大学学校领导祖爱民副书记、宋伯宁副校长对我们的研究工作长期给予的支持。感谢各县区、乡镇街道办事处住建部门工作人员在调查时给予的热情帮助，并无私地提供各种资料，以及众多热心村民的大力协助。他们才是乡村建设的第一主人，正是他们对乡村和家乡的深深热爱也激励着我们不断前进的脚步。感谢刘东涛、黄鹏及张荣华拍摄团队等志同道合的同仁、好友陪同我们一起走村串乡，更感谢参与村落调查的贺伟、董青峰、韦丽、李潇爽等同仁和周博文、仇玉珠、冯传森、张林旺、黄萍、薛鑫华、柳琦、王琦、李春、徐敏慧、何静、许鑫泽、刘李洁、骆思宇等各位同学，和你们一起进行田野调查的日子是永远美好的记忆。最后，感谢山东画报出版社，在他们的支持下，本套丛书得以顺利出版，特别是于滢编辑认真负责，反复斟酌版面设计，力求将济南优秀传统村落全新的面貌呈现出来。

本书照片绝大多数是参与调查的老师和同学所拍摄，书中所用规划图由各基层建委提供，未再一一标注，在此一并表示感谢。受时间和经验所限，我们深知对一个村落的解读单单依靠这些还远远不够，村落里那些宝贵的营造技艺、中草药、乡村特产、民风习俗等仍有待挖掘。希望以本书出版为契机，进一步加强对乡村文化的提炼总结，保护传承、转化创新。同时能团结更多热爱关心传统村落发展的同仁，共同把济南传统村落的研究工作推上更新的高度！

住建部传统民居保护专家委员会委员
山东建筑大学齐鲁建筑文化研究中心主任、教授